>element< Freiburger Schriften zur Elementarpädagogik

Herausgegeben von Prof. Dr. Norbert Huppertz

Band 1

Norbert Huppertz (Hg.)

Konzepte des Kindergartens

Lebensbezogener Ansatz
Situationsansatz
Sozialistische Pädagogik
Reggio-Pädagogik

PAIS–Verlag
Oberried bei Freiburg i. Br.

Die Deutsche Bibliothek – CIP-Einheitsaufnahme
Konzepte des Kindergartens : lebensbezogener Ansatz,
Situationsansatz, sozialistische Pädagogik, Reggio-Pädagogik /
Norbert Huppertz (Hg.). – Oberried bei Freiburg i. Br.: PAIS-Verl., 1998
(Element ; Bd. 1)
ISBN 3-931992-05-5

PAIS-Verlag
Hauptstr. 49 • 79254 Oberried

2. Auflage 2000
Printed in Germany

Herstellung: Druckerei Braackmann, Ilsede

Für die Fotos danken wir Renate Friedrich, Peine

Inhalt

Norbert Huppertz

Wo stehen wir in der Kindergarten- und Vorschulpädagogik?

Norbert Huppertz

Wo stehen wir in der Kindergarten- und Vorschulpädagogik?

1. Was wir erreicht haben

Die Lage des Kindergartens am Ende dieses Jahrhunderts kann sehr unterschiedlich bewertet werden. Einerseits haben wir immens viel erreicht, was man in früheren Zeiten vermißt und beklagt hat – andererseits gibt es erhebliche Defizite und Unsicherheiten.

Müssen wir es z. B. nicht anerkennen und positiv bewerten, daß inzwischen – wenn auch regional unterschiedlich, so aber im Grunde doch – für fast jedes Kind ein Kindergartenplatz zur Verfügung steht? Daß wir in den Einrichtungen ausgebildetes Fachpersonal haben! Man muß anerkennen, daß die Gebäude und Räume im Großen und Ganzen ansehnlich sind; daß die materiellen Ausstattungen reichlich erscheinen, wobei hier und da sogar der spielzeugfreie oder -arme Kindergarten erprobt wird. Es sind in den letzten Jahrzehnten große Anstrengungen unternommen und Fortschritte gemacht worden in der Aus- und Fortbildung. Die Fachberatung wurde eingerichtet und qualifiziert. Teils kann man sich sogar in den Einrichtungen Supervision leisten, wenn z. B. schwer lösbare Konflikte im Team vorhanden sind. Theorien und Konzepte wurden entwickelt für Elternarbeit sowie für die Kooperation mit der Schule. Teamarbeit und Konferenzen sind mehr oder weniger zur Selbstverständlichkeit geworden. In den Bundesländern gibt es – teilweise sehr gute – Gesetze und Richtlinien. Die

Bücherregale mit Kindergartenliteratur brechen in den Bibliotheken fast aus den Fugen, so boomte der Markt, die Verlage freuten sich - usw.

Ich brauche was zum Klettern, viel und schönen Sand - und erst einmal meine Freiheit."

2. Welche Defizite gibt es?

Paradiesische Zustände in der Kindergartenlandschaft am Ende dieses Jahrhunderts und Jahrtausends? Alles klar für die Zeit nach 2000? Ich glaube nicht. Zu vieles gibt es auch, das kritisch bedacht werden muß.

- Wir dürfen z. B. nicht bei den vorhandenen Gruppenstärken von bis zu 28 Kindern pro Gruppe bleiben (15 ist richtig).
- Es ist zu wenig Personal in den Einrichtungen, und die vorhandenen Erzieherinnen werden zu stark beansprucht und zu schlecht bezahlt. (Manche fühlen sich ausgebeutet.)
- In den neuen Ländern gibt es eine riesige Diskrepanz zwischen der Anzahl der Erzieherinnen, die arbeiten wollen, aber wegen zu geringer Kinderzahlen in den Einrichtungen ihre Arbeit verloren haben. Es muß viel mehr getan werden, um dieses gravierende Problem zu lösen.
- Zu viele Einrichtungen gibt es noch, deren Außenanlagen und Innenräume gestaltet sind wie (schlechte) Schulen, d. h. nicht naturverbunden und lebensbezogen.
- Zu viele Erzieherinnen lassen sich von teils selbst ernannten "Pädagogen" (nicht zu verwechseln mit Erziehungswissenschaftlern, die ihr Handwerk gelernt haben) verunsichern, verwirren – und zu unerlaubten Experimenten verführen, und zwar zu ihrem eigenen Nachteil und zum Schaden der Kinder. Dies ist z.B. der Fall im Zusammenhang mit dem Stichwort Öffnung und Offenheit (Mag der "offene Kindergarten" in manchen Fällen – vor allem, wo her-

vorragende Fachkräfte und kleine Einrichtungen sind, auch gute Seiten haben, im Durchschnittsfall bleibt er das Schreckgespenst!)

- Ein anderes Defizit liegt bei der Forschung: Es gibt eine viel zu geringe Anzahl von evaluativen Studien aus dem Kindergartenbereich, aus denen wir Anhaltspunkte entnehmen könnten für die Beantwortung der Frage, welche neueren Ideen zu realisieren sind und welche nicht. Abneigung und Ängste gegenüber Theorie und Forschung sind bei vielen, besonders den Verantwortlichen, im Vorschulbereich noch zu stark.

3. Das Hauptproblem: Die fatale Lage der Didaktik in einer postmodernen Beliebigkeit

Das große und alles umgreifende Defizit sehe ich aber in der Unklarheit der Didaktik des Kindergartens. Praktikantinnen und die für diese zuständigen und größtenteils verantwortlichen Personen sind verunsichert und teilweise verwirrt durch das, was ihnen ca. alle zwei bis drei Jahre je neu "geboten" wird: Jemand hat eine Idee – probiert etwas aus (oder läßt es probieren) – schreibt es auf für eine Zeitschrift – und alle glauben, es nachmachen zu sollen. ("Sie haben ja noch immer nichts verändert", wurde einer süddeutschen Kindergartenleiterin vorgeworfen, als ihr zuständiger "Berater" des Landesjugendamtes zum zweiten Mal in ihrer Einrichtung war. Darauf "stellte diese ein paar Gegenstände in den Flur" – für den nächsten Kontrollbesuch vom Amt – danach sollten Sie wieder wegkommen.) Der blinde und unreflektierte Aktivismus in Sachen Umstellung und Veränderung nimmt seinen Lauf auf Grund eines konzeptionslosen Liberalismus in den

Kindergarteneinrichtungen, und zwar nach dem Motto: "Wir wissen zwar nicht was, aber wir wissen, daß sich etwas ändern muß. Tun wir's einfach und suchen uns dann die Richtung und das Ziel der Veränderung."

Der Kindergarten – vor allem diejenigen, die damit direkt zu tun haben und davon betroffen sind: Erzieher, Kinder, Eltern sind insofern – bei allen positiven Entwicklungen und erfreulichen Dingen, die wir zu sehen haben – letztlich doch zu bedauern; denn sie wissen nicht, wo sie dran sind und was sie tun sollen; sie wissen nicht mehr, was richtig ist. Und es bleibt dabei: Wer keine Richtung hat, dem nützt auch nicht der größte Schwung.

Wie erklärt sich die Situation, in der wir uns am Ende der etwa 150-jährigen Geschichte des Kindergartens und am Ende der etwa 2000-jährigen Geschichte des christlichen Abendlandes befinden?

Die schwierige Situation der Kindergartentheorie liegt gewiß zu einem großen Teil in der Sache selbst, d. h. die Frage, wie Kindergartenarbeit und die ihr zu Grunde liegende Theorie oder Konzeption auszusehen hat, war immer schon und bleibt auch in Zukunft schwer zu beantworten. Deshalb darf es nicht verwundern, daß so viele schon mit dem Verstehen dieser Frage selbst überfordert sind; wie können sie denn da eine gescheite Antwort finden?

Die fatale Lage der Kindergartendidaktik hat aber auch stark mit der Zeit zu tun, in der wir uns befinden. Wie sollte eine pädagogische Einrichtung, die im originären Sinne von Werten und damit verbundenen Erziehungs- und Bildungszielen abhängig ist und lebt, in einer

Zeit der postmodernen Beliebigkeit, in der gleichsam jeder glaubt, tun und lassen zu können, was er will, denn selbst Richtung halten und nicht ins Schlingern geraten? Leider kann nur die tagtäglich in der Praxis stehende Erzieherin, die dort jeweils ihre Entscheidungen zu treffen hat – täglich mehrere Dutzend Entscheidungen, für welche sie eine klare Wertebasis benötigt – sich für eine Theorie der Postmoderne "nichts kaufen"; denn sie hat zu handeln. Dies in einem radikalen Pluralismus, in dem viele ihr traditionelles Wertebewußtsein bereits über Bord geworfen haben. Was haben sie ihren Kindern dann noch zu vermitteln?

An dieser Stelle könnte man auf die – vor allem christlichen Träger der Einrichtungen zu sprechen kommen (etwa drei Viertel aller vorschulpädagogischen Einrichtungen befinden sich in katholischer bzw. evangelischer Trägerschaft) und anfragen, wie es denn hier mit der Ziel- und Richtungsvorgabe bestellt sei. Gerade die wertorientierten Wohlfahrtsverbände dürften doch hier eine Vorreiterrolle einnehmen. Jeder aber, der sich auch nur ein wenig auskennt, weiß, wie prekär selbst die Lage der weltanschaulich gebundenen Trägerorganisationen im postmodernen Zeitalter geworden ist. Vergessen wir aber nicht, daß eine Lage von Vielfältigkeit auch im Sinne einer pluralen Wertegesellschaft ist und vor allem auch im Sinne des in Deutschland und in der europäischen Gemeinschaft geltenden Subsidiaritätsprinzips.

Die soeben beschriebene, vorhandene Lage, gekennzeichnet von einer ausgeprägten Beliebigkeit, darf nicht verwechselt werden mit dem Spektrum der größtenteils theoretisch gut durchdrungenen Ansätze und Positionen der vorschulpädagogischen Didaktik, mag es dabei letztlich auch gemeinsame Ursachen geben.

Daß es derzeitig etwa ein Dutzend diskutable mögliche Positionen für Kindergartenarbeit gibt, sollte zunächst einmal als erfreulich anzusehen sein. Doch schafft diese Wahl leider auch nicht unerhebliche Qualen: Fehlinterpretationen und Mißverständnisse, Unsicherheiten, Entscheidungsnöte, Konzeptionslosigkeit, Plausibilitätsverluste, Resignation – aber: hier und da auch Freude ob der Reichhaltigkeit.

"Sind wir nicht ein schönes Quartett?

Was habt ihr denn so zu bieten?"

4. Vier Ansätze – Welcher hilft?

Die hier vorliegenden Publikation möchte einen klärenden Beitrag leisten.

Reggio-Pädagogik ist für manche inzwischen eines der neuen Zauberwörter geworden; doch – was ist jemand, der von sich sagt: "Ich bin Reggio-Pädagoge"? Barbara Stinner kennt diese Pädagogik aus erster Hand und bietet insofern eine sachlich fundierte Sicht. Der Beitrag kann die bundesdeutsche Kindergartenpädagogik dahingehend inspirieren, als hier die inhaltliche Komponente zu bedenken ist. Kritisch bei der Reggio-Pädagogik bleibt aus unserer Sicht insbesondere die Rolle der Erzieherin: Unsere Erzieherinnen dürfen nie ihre inhaltliche Fachkompetenz (z. B. in Musik, Bewegung, Sprachen etc.) aus der Hand geben. Damit würden sie zu "Verwahrtanten".

Über seine Auffassung zur Pädagogik der ehemaligen DDR berichtet Franz Rudolph, der in den neuen Bundesländern als einer der profiliertesten Kenner und aktiven Gestalter der sozialistischen Erziehung im frühen Kindesalter gilt. Insofern versteht es sich, daß der renommierte Professor bei allem Bemühen um eine sachlich kritische Sicht seiner früheren Position auch deutlich auf das Bedenkens- und Bewahrenswerte hinweist. Ein Diskussionspunkt im Gespräch mit der Pädagogik der DDR bezieht sich immer wieder auf die Frage: Wie war es denn nun in der Wirklichkeit – und zwar im Gegensatz zur Pädagogik auf dem Papier, also zur offiziellen? Die Antworten fallen meist sehr verschieden aus. Bedenkenswert erscheint mir eine Aussage aus dem Jahr 1990 von H. D. Schmidt:

"Das offizielle Kind-Bild der DDR-Volksbildung (das zum Glück nur partiell umgesetzt wurde, weil es mit dem Berufsethos vieler Lehrer und Erzieher nicht übereinstimmte) war vor dem Oktober 1989 eine Mixtur von Elementen verschiedener Konzepte. So wurde das kindliche Handeln in der Pionier- und FDJ-Organisation von Ritualen, Zeremonien und Strukturformen beherrscht, die dem Gebaren politischer Parteien entlehnt waren ... Die hochgradige politisch-ideologische Indoktrination – schon im Kindergarten! – und die Überbetonung von Disziplin und Wohlverhalten erinnern an die Denkweise des Erbsünde-Modells; denn sie richteten sich gegen "sündhafte" Einflüsse westlich-bürgerlicher Klassenfeinde. Das Negieren, ja Bekämpfen verhaltensbiologischer und psychoanalytischer Erkenntnisse und Positionen, die Vernachlässigung oder Unterdrückung des individuellen Andersseins und Andersdenkens (und damit der individualisierenden Bildung und Erziehung), die maßlose Überschätzung pädagogischer Mittel (und ihrer "Fernwirkung") und die Erniedrigung des Kindes zum Objekt dieser Mittel – das alles folgte den Empfehlungen des Tabula-rasa-Modells. Auf den Bahnen des Ausbeutungs- und Defizit-Modells dachten und handelten diejenigen, welche Spiel und Spaß aus der Schule entfernten, todernste Leistung und streberhafte Leistungshaltung favorisierten (man denke an das Allheilmittel pausenlosen Zensierens!) und bei allem, was sie lehrten, so gut wie ausschließlich die künftige Bewährung des Kindes in der gesellschaftlichen Produktion vor Augen hatten. Das Modell der "guten Natur" jedoch spielte keine Rolle; im Gegenteil: es wurde abgewartet und bekämpft, wofür die jahrzehntelange, teilweise diffamierende Kritik

an der Reformpädagogik das aussagekräftigste Beispiel bietet." (Aus dem Hauptreferat, das H. D. Schmidt 1990 an der Akademie der Pädagogischen Wissenschaften der DDR in Berlin gehalten hat.)

Der hier vorliegende, fundierte Beitrag von Franz Rudolph verweist vor allem auch auf die Verbindung zur Pädagogik von Friedrich Wilhelm August Fröbel (1782-1852), mit dessen Gedanken man sich in der DDR identifizieren wollte, aber – wegen dessen Bürgerlichkeit – doch immer nur zum Teil konnte. Rudolph fordert mit Recht einen Kindergarten, der als unverzichtbarer, aber deutlich ausgewiesener Teil des Gesamtbildungssystems gilt.

Den Situationsansatz präsentiert Uwe Tolksdorf, der seit Jahren mit dieser Position der Kindergartenerziehung befaßt ist, u.a. in einer umfassenden Wirklichkeitsstudie, in der die Frage nach der Diskrepanz zwischen dem Anspruch der Situationstheoretiker, unter denen besonders Jürgen Zimmer zu erwähnen ist, einerseits, und der Realität im Hinblick auf den Situationsansatz in unseren Kindergärten andererseits untersucht wird. Gemeinsam bleibt den verschiedenen Richtungen "des" Situationsansatzes das vorbildliche Engagement für die Verbesserung der sozialen Lage des Kindes – seiner Befindlichkeit -, es bleibt aber auch der kritische Punkt der Beliebigkeit in der allein durch die Erzieherin auszulegenden Praxis. Dies wird – es liegt in dem Theorem selbst -, immer eine Überforderung bleiben – jedenfalls, wenn man "der Theorie" der Situationsvertreter folgt und sich nicht – situativ zufällig – seine eigene Auslegung davon "bastelt" und das dann als "Situationsansatz" ausgibt.

Auf den Lebensbezogenen Ansatz, über mehrere Jahre hinweg von uns an der Pädagogischen Hochschule Freiburg in der Abteilung Sozialpädagogik entwickelt, soll im letzten Beitrag eingegangen werden. Nicht die Lösung aller praktischen Probleme kann diese Position bieten, aber sie vermag einige konzeptionelle Probleme zu vermeiden: Bei kritischer Würdigung aller tradierten Ansätze ist festzustellen, daß sie letztlich den Aspekt des Lebens nicht treffen – insbesondere klären sie die Wertefrage in Gemeinsamkeit mit den Erziehungs- und Bildungszielen nicht. Der hier vertretene Lebensbezogene Ansatz betont die Erziehungsziele und die damit verbundenen Werte besonders, und zwar zu Gunsten des Kindes – insofern liegt hier die stärkste Kinderorientiertheit vor, die man sich denken kann. Um das Leben des Kindes geht es – sein gelingendes Leben –, vor dem Hintergrund eines nötigen Respektes vor einer wünschenswerten Tradition der christlich-abendländischen Kultur, aber auch mit Blick auf eine Gegenwart und Zukunft als Weltbürger mit globaler, u.a. ökologischer Sicht: Leben und Überleben unserer Kinder sollen durch Vorschulpädagogik nachhaltig gewährleistet werden.

Den Adressaten der vorliegenden Schrift – vor allem Erzieherinnen und Erziehern, Personen in der Fachberatung, Aus- und Fortbildung – sei hiermit etwas mehr Klarheit und etwas weniger Unsicherheit gewünscht.

Barbara Stinner

Reggio-Pädagogik

Barbara Stinner

Reggio-Pädagogik

1. Entstehung und Bedeutung des Konzeptes von Reggio/Emilia

Das Konzept von Reggio/Emilia findet inzwischen weltweite Beachtung. Führungen am Ort, Wanderausstellungen und Tagungen verbreiten zunehmend die Idee. Auffallend ist zunächst, daß diese Pädagogik nach einer Stadt und nicht z.B. nach einem Wissenschaftler benannt wird. Dies sagt uns schon einiges über das Konzept selbst. An seiner Gestaltung beteiligen sich nämlich Bürger, Politiker und Wissenschaftler. 1945 wurde durch das Engagement von Eltern und Bürgern der Grundstein für dieses Konzept gelegt, indem von Anfang an klar war, daß die öffentliche Kindererziehung nicht Sache einzelner, sondern vielmehr eine gemeinschaftliche Aufgabe sei (vgl. Dreier, S. 18). Loris Malaguzzi, der sich als junger Lehrer sehr für die Kinderbetreuung in Reggio interessierte, dokumentierte die Anfänge der Eigeninitiative der Stadtbevölkerung und ist als Begründer und langjähriger Leiter dieser kommunalen Kindereinrichtungen bekannt. Malaguzzi beschreibt (charakteristisch für das Konzept), daß bei der Begründung der Einrichtungen der Dialog und die Kommunikation im Mittelpunkt standen und daß vor allem das Kind, seine Familie und seine Umgebung nicht, wie bis dato üblich, getrennt werden dürften (vgl. Malaguzzi, in: Matone su Natone, Reggio Emilia 1985).

Obwohl es wichtig wäre, den geschichtlichen und ebenso den aktuellen Aspekt der Stadt Reggio und der Region Emilia Romagna zu beleuchten, um die Entstehung und die Hintergründe des Konzeptes besser zu verstehen, muß dies in dieser kurzen Abfassung vernachlässigt werden. Eine interessante Zusammenfassung ist bei A. Dreier in: "Was tut der Wind, wenn er nicht weht?" nachzulesen.

Die sogenannte "rote Emilia" gilt als wohlhabend und fortschrittlich. Die Bürger dort zeigten schon früh ein besonderes Engagement für die Belange ihrer Kinder. Wie in Italien üblich, war die katholische Kirche ausschließlicher Träger der Kindereinrichtungen. In Emilia, besonders in Reggio/Emilia, sollten dagegen Einrichtungen geschaffen werden, die den alles durchdringenden religiösen Zielen im pädagogischen Arbeitsfeld Alternativen gegenüberstellen. Den Spiel- und Bewahranstalten sollten kreative "Kinderschulen" (scuola dell' infanza) entgegengesetzt werden, wo Kinder aktiv und forschend sich selbst mit all ihren Fertigkeiten und Fähigkeiten entdecken lernen, was auch Buchtitel aufzeigen, wie z.B. "Le intelligenze si trovano usandole" (Die Intelligenz wird entdeckt, wenn sie gebraucht wird).

Ein Bild vom Kind, wie wir es bei Jean Piaget oder Maria Montessori finden, wird deutlich, und es wird gleichzeitig davor gewarnt, das Kind in unserer Umwelt zu ersticken. Es wird mit seinem ganzen inneren Reichtum an Entdeckungs- und Ausdrucksfähigkeiten geschätzt, wobei die Aufgabe der Erwachsenen hauptsächlich darin besteht, in einem passenden Ambiente Möglichkeiten der Entwicklung zu bieten.

Es sollen nun einige Punkte des Konzeptes aufgezeigt werden, wobei Elemente der Pädagogik Maria Montessoris und der Geschwister Agazzis im Reggio-Konzept enthalten sind, was aber kaum systematisch verarbeitet wird.

1963 wurde die "scuola dell' infanza" (Schule des Kindes) gegründet, und 1970 kamen die Kinderkrippen dazu. Dies war eine Frucht jahrzehntelanger Studien und Reflexionen von Familien, Bürgern und Wissenschaftlern, um die "vielen Sprachen des Kindes", von denen Malaguzzi spricht, wieder zu entdecken und zu beleben. Gemeint ist damit die Art und Weise des Kindes sich auszudrücken, zu kommunizieren und zu begreifen. In den pädagogischen Projekten sollte dies berücksichtigt werden, damit das Kind seine Fähigkeit zu denken und zu unterscheiden entwickeln kann (vgl. I cento linguaggi dei bambini, S. 10).

Verschiedene nationale und internationale Zusammenkünfte fanden und finden immer noch statt, um diese "Vorschulpädagogik" weiterzuentwickeln.

1980 wurde die nationale Arbeitsgruppe für Studien und Arbeiten bezüglich der Kinderkrippen gebildet. Bereits 1987 war Reggio weltweit bekannt durch Wanderausstellungen, Arbeitsgruppen und Konferenzen.

Die Ausstellung hatte anfangs den Titel "Wenn das Auge die Mauer überspringt" - damit war gemeint, daß je mehr das Auge (der Geist, die Pädagogik, die Erziehung des Kindes) zu sehen beginnt, zu verstehen und sich zu erneuern, desto mehr kann es die Mauer des Banalen, des Konformismus, der Rhetorik und Ängstlichkeit in der Öffentlichkeit durchbrechen. Da dieser Titel nicht in allen Ländern angemessen übersetzt werden konnte oder zu Mißverständnissen führte, wurde die Ausstellung umbenannt: sie trägt seitdem den Titel "Die hundert Sprachen der Kinder" (vgl. Malaguzzi, S. 13).

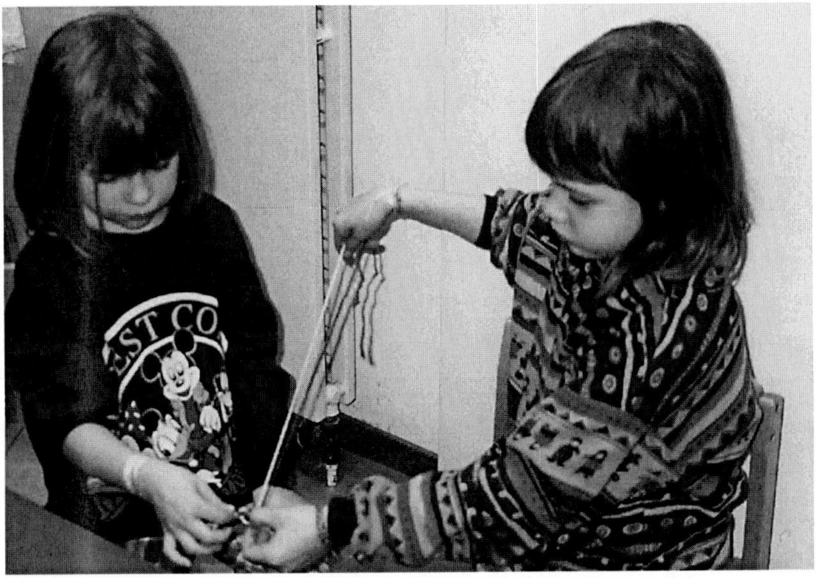

Feinmotorik, Fantasie, Kooperation –
und vieles mehr kommen hier zum Tragen

2. Grundsätzliches aus dem Konzept - Einige der Hauptthesen

Jede Kindertagesstätte in Reggio verfügt über drei Gruppen mit je mindestens 30 Kindern. Die Gruppen sind altershomogen. Die Möglichkeit der Altersmischung besteht während des Freispiels in der Vorhalle für die Kinder, die nicht gerade an einem Projekt beteiligt sind.

Auf der Fachtagung in Berlin wird diese italienische Pädagogik aufgrund der beiden entscheidenden "Ansätze" sehr gelobt: Zum einen sei es eine kindbezogene Pädagogik, d.h. die Kinder bestimmen mit ihren Bedürfnissen, Wahrnehmungen und Empfindungen die pädagogischen Aktionen. Zum anderen sei diese Pädagogik prozeßhaft, was bedeutet, daß nicht rigide vorgeplant, sondern ein Prozeß ermöglicht wird, der sich entwickelt und der durch das Kind und aus dem Kind heraus gesteuert wird.

Hier nun einige Thesen von der Fachtagung zur Pädagogik Malaguzzis:

- Das Kind steht im Mittelpunkt.
- Das Kind soll Rebell und Revolutionär sein.
- Die Kultur des Kindes muß entdeckt werden.
- Die Kultur des Erwachsenen kann das Kind in seinen Möglichkeiten erkunden.
- Das Kind verlangt nach ganzheitlichem Verständnis.
- Der übliche Erziehungsprozeß unterdrückt Kinder.

- Pädagogik und Schule stagnieren.
- Durch Vorgaben wird die Freude am Lernen eingeschränkt.
- Sprache allein genügt für den Kontakt mit dem Kind nicht.
- Das Auge ist das wichtigste Organ.
- Visuelle Wahrnehmung muß geschult werden.
- Wesentliche Elemente der Sprache des Kindes sind auch die Hände, der ganze Körper.
- Die Kunst muß normalisiert werden[1]. (Mit "normalisiert" meint Malaguzzi, daß Kunst nicht nur Sache von Künstlern sei, sondern über die Kinder wieder "normalisiert" werden kann, also als etwas Normales für jedermann zu betrachten sei.)

3. Prinzipien des Konzeptes

Die folgenden Grundprinzipien sollen einen Einblick in die Erziehung der Kinder in den Kindertagesstätten in Reggio geben.

1. Wahrnehmung.- Die Erziehung in Reggio geht davon aus, daß jedes Kind viele Möglichkeiten hat, seine Umwelt wahrzunehmen und sich damit auseinanderzusetzen. Jedes Kind hat seine Eigenart, die Umwelt zu interpretieren. Der Erzieher muß das Kind als eine Person akzeptieren, die das Recht auf seine eigene Wahrnehmung der Wirklichkeit hat. Die Kinder in Reggio können nichts "falsch" machen; es gibt höchstens eine verschiedene Wahrnehmung, eine falsche Wahrnehmung, die durch neue Wahrnehmungen und Erfahrungen verändert werden kann. Durch verschiedene Angebote soll die Wahrnehmungsfähigkeit des Kindes erhalten werden.

2. Ausdruck.- Das Kind soll lernen, sich auf verschiedenste Weise und mit allen Sinnen auszudrücken. Dies wird vor allem gefördert durch Spiele, wobei das Kind sich selbst kennenlernen soll, wie z.B. mit den Spiegeln und durch die verschiedensten Puppenspiele, worauf später genauer eingegangen wird.

3. Erfahrungen.- Es soll von den Kindern nicht verlangt werden, was sie nicht vorher erfahren haben. Es wird davor gewarnt, Worte als einziges Medium vorauszusetzen. Durch Worte lernen Kinder nichts, Kinder verlangen nicht nach verbalen Erklärungen, sie verlangen nach Problemen und wollen greifen.

4. Wertschätzung.- Alles, was Kinder tun, was sie sammeln, finden, machen, phantasieren, hat Wert und wird geschätzt. Eindruck und Ausdruck sind wichtig für die Erfahrung der Realität. Die Kinder müssen dies jeden Tag erleben, - dann nehmen sie sich und ihre Sachen ernst. In der Reggio-Pädagogik ist kaum industriell gefertigtes Spielzeug zu finden, sondern eine Vielzahl von kleinen zerbrechlichen Gegenständen, von kleinen Schätzen der Kinder und Erwachsenen.

5. Die Rolle des Einzelnen.- Jedes einzelne Kind findet höchste Beachtung. Malaguzzi betont auf Fachtagungen immer wieder die Einmaligkeit jedes einzelnen Kindes. Jedes Kind hat seine individuellen Wahrnehmungsmöglichkeiten und Ausdrucksweisen. Insofern ist das Konzept auch offen, behinderte Kinder aufzunehmen. Die Bedürfnisse des Einzelnen sollen im Mittelpunkt stehen.

6. Räume - wichtige Erzieher.- Die Einzelbedürfnisse der Kinder können nur beachtet werden, wenn genügend Räume und Personal zur Verfügung stehen. Die Gestaltung der Räume bestimmen die Kinder mit. Die Räume müssen so anregend sein, daß die Kinder ohne Erwachsene tätig werden wollen.

7. Elternarbeit - Selbstverwaltung.- Dadurch, daß es in keiner Einrichtung eine Leitung, sondern immer ein Leitungskomitee gibt, sollen die einzelnen Beteiligten gezwungen werden, ein höheres Maß an Verantwortung und Mitbestimmung zu zeigen. Die aktive Mitarbeit der Eltern zeigt sich darin, daß sie auf die Geschicke der Einrichtung einwirken.

8. Öffentlichkeitsarbeit.- Die Arbeit mit den Kindern muß von allen Seiten her als wichtig angesehen werden. Malaguzzis Ziel ist, daß wirklich alle Bürger die Arbeit im Kindergarten sowie die Kinder achten. Dies soll durch die Öffnung nach innen und außen erreicht werden. Im Kindergarten sollen Ausstellungen, Veranstaltungen und Begegnungen möglich sein; der Kindergarten soll in der Öffentlichkeit, vor allem der Zeitung, präsent sein.

9. Selbstbewußtsein der Erzieherinnen.- Eine konkrete Darstellung der Arbeit in der Öffentlichkeit verlangt Mut und Selbstbewußtsein. Wenn ein Konzept besteht, wie in Reggio, und die Erzieherinnen immer wieder Unterstützung bekommen, entwickelt sich dieses Selbstbewußtsein[2].

4. Die Architektur als grundlegende Voraussetzung der pädagogischen Arbeit

In der Reggio-Position ist eine kindgerechte Architektur integraler Bestandteil des pädagogischen Konzeptes. Es wird davon ausgegangen, daß es von Anfang an einer engen Kooperation zwischen Architekten und Pädagogen bedarf. Malaguzzi wünscht, daß die Kindheit als Angelpunkt der Überlegungen betrachtet wird; deshalb soll die pädagogische Reflexion über die Entwicklung des Kindes am Anfang stehen[3].

- Das Gebäude muß so sein, daß es die Kommunikation der Mitarbeiter und der Kinder untereinander erleichtert. So muß die gesamte Bauweise von einem Mittelpunkt ausgehen, von wo aus alle übrigen Räume möglichst schnell zu erreichen sind.

- Dem Eingang wird allgemein eine sehr große Bedeutung beigemessen. Er soll für alle gut zu erreichen sein; nicht nur für Eltern und Kinder, die die Einrichtung besuchen, sondern auch für Passanten, die Interesse an der Einrichtung haben. Die Vorhalle ist gleichsam die Visitenkarte der Einrichtung. Doch muß sich dies weniger in der äußeren Architektur, als in der inneren Gestaltung ausdrücken. Im günstigsten Fall ist der Eingangsbereich eine Halle. Dieser Bereich muß den Kindern aus allen Gruppen zur Verfügung stehen, um evtl. Kasperletheater, Verkleidungsspiele oder Kaufladen zu spielen.

- Bei der gesamten Planung müssen die Grundbedürfnisse der Kinder beachtet werden. Damit ist gemeint: spielen, lernen, experimentieren, sich drinnen und draußen bewegen können, essen, schlafen, sich zurückziehen, alleine und in Gruppen spielen können.

- Die Gruppenräume müssen in Aktivitätszonen eingeteilt sein, was in etwa dem bei uns üblichen "Raumteilverfahren" entspricht.
- Die Multifunktionalität der Gruppenräume soll begrenzt werden. Es ist nicht sinnvoll, in einem Raum alles zu tun, z.B. zu spielen, zu essen und zu schlafen, sich zurückzuziehen und die Bewegungsmöglichkeiten auszuleben. So muß überlegt werden, welche Funktionen aus der Gruppe ausgelagert werden können.

Holz, Sand, etwas zum Verstecken – alles das brauchen Kinder. Naturgetreues, auch hügeliges Außengelände gehört zu einer lebensbezogenen Pädagogik

- Der Kreativität ist von Anfang an viel Raum zu bieten. Dazu müssen Werkräume zur Verfügung stehen.

- Die Nebenräume (Waschraum, Flur, Garderobe) sollten mehr als nur eine Funktion erfüllen.

- Dem Bewegungsbedürfnis der Kinder muß besondere Beachtung geschenkt werden. Dies gilt für das Außengelände, z.B. im Hinblick auf den Einbau von Vordächern, aber ebenso für den Innenbau. Es sollen "Verkehrsflächen" im Haus und in den Gruppenräumen möglich sein.

- Architektonisch zu berücksichtigen sind auch die Bedürfnisse einzelner Kinder nach Rückzug und in Kleingruppen zu sein. Die Verwendung von unterschiedlichen Materialien ist wünschenswert. So soll z.B. nicht überall der gleiche Fußboden sein. Die unterschiedlichen Materialien helfen, die Räume zu gliedern und den Kindern unterschiedliche Sinneserfahrungen zu ermöglichen.

- Die Beleuchtung muß gut überlegt sein. Die Räume sollten auch abschnittsweise und punktuell beleuchtet werden können.

- Die Fenster müssen so niedrig sein, daß die Kinder hinaussehen können.

- Die einzelnen Gruppen sollten einen direkten Ausgang nach draußen haben.

- Die Möbel sollten vielfältig verwendbar sein, so daß die Kinder sie in ihr Spiel mit einbeziehen können.

- Die Mitarbeiter sollen sich fachlich austauschen und kollegial beraten sowie interne Fortbildungen wahrnehmen. Dazu müssen Räume zur Verfügung stehen.
- Die Küche bekommt einen neuen Stellenwert. Sie muß einen zentralen Platz in der Einrichtung erhalten[4].

Beim Entwurf eines Kindergartens muß auf jeden Fall eine förderliche Beteiligung von Eltern und Erziehern gewährleistet sein. Die Vorhalle muß so gebaut sein, daß jederzeit Ausstellungen möglich sind. Wer in Reggio einen Kindergarten betritt, erfährt durch Fotoausstellungen sehr konkret etwas über den Ablauf der aktuellen und auch der vergangenen Projekte. Durch Kommentare und Aussagen der Kinder bekommt der Besucher wie auch die Eltern ein ganz konkretes Bild von den Tätigkeiten der Kinder.

Der Kindergarten ist als Lebensraum für Kinder zu sehen. Das Kind strebt nicht danach, klein zu sein und klein zu bleiben, es möchte wachsen und vieles tun und erleben, was und wie es Erwachsene tun. Aus diesem Grunde wird nicht nur eine kindgerechte Möblierung angestrebt, sondern eine gute Mischung aus Möbeln in Erwachsenengröße und aus Spielelementen. Als Begründung wird angegeben, daß Kinder in der Realität auch nicht alles ihrer Größe entsprechend vorfinden.

Der Gesamtbau des Kindergartens wird in der Reggio-Pädagogik entweder mit einem Aquarium oder mit einem Tunnel verglichen. Mit dem Aquarium deshalb, weil jeder jederzeit hinaussehen können muß und weil von draußen alle hineinsehen können sollen, um zu verstehen, was drinnen passiert. Die Einrichtungen sollen aber auch nach dem System eines Tunnels gebaut werden. Sie sollen ein Durchgang unter Einbeziehung der Umgebung und nach dem Prinzip der Durchlässigkeit sein. Trotzdem muß es Zonen und Winkel geben, in die sich die Kinder zurückziehen können. So existiert eine Spannung zwischen Transparenz und Geborgenheit. In Bezug auf die Architektur und Raumgestaltung gebe es das Problem der Kontinuität bzw. Diskontinuität zwischen drinnen und draußen, zwischen Kindergarten und Familie. So soll der Kindergarten z.B. auch nicht wie eine Wohnung eingerichtet sein, aber doch keinen Abbruch zur Familiensituation darstellen. Es muß ein Mittelweg gefunden werden[5].

Die Fenster sind ein wesentliches Element der Architektur. Nach innen sind sie kreisförmig angelegt, was schöpferische Möglichkeiten gewähren soll; von außen stellen sie eine Verbindung mit der Umgebung her. Malaguzzi äußert bei einem Interview: "Wir möchten gern, daß der Kindergarten ein Glastunnel in die Stadt hinein wäre. Die Glasnost, die wechselseitige Transparenz, ist es, was wir uns wünschen."[6]

Die Kindertagesstätten sollten auf keinen Fall in einem isolierten Stadtteil liegen, wo kaum jemand vorbeikommt, also nicht außerhalb des Wahrnehmungsbereiches der im Stadtteil wohnenden und arbeitenden Menschen. Eine günstige Lage eines solchen Hauses für Kinder ist im Brennpunkt des Stadtteils, an den Schnittstellen der Wege, wo alle vorbeikommen, z.B. auf dem Weg zum Einkaufen, zur U-Bahn oder zur Arbeit.

5. Das Personal - Wer ist der Erzieher?

In jeder Kindergruppe gibt es zwei Betreuerinnen. Hinzu kommen in jedem Kindergarten sechs weitere Personen: der Koch oder die Köchin, der Werkpädagoge oder Kunsterzieher sowie vier Frauen für die Raumpflege und eine Küchengehilfin. Einrichtungsübergreifend stehen für die 23 Kindergärten und 13 Krippen in Reggio sieben Pädagogen bzw. Pädagoginnen zur Verfügung sowie ein Puppenspieler. In der einzelnen Einrichtung gibt es keine Leitungskraft. Die Leitungsaufgaben werden nach einem festen Arbeitsschema von den pädagogischen Mitarbeitern gemeinsam wahrgenommen. Es gibt ein Leitungskomitee aller pädagogischen Einrichtungen: dazu gehören zu 50% Eltern.

Die Ausbildung des Betreuungspersonals erscheint etwas problematisch. Dr. Malaguzzi meint, daß eine gewisse Ausbildung im wissenschaftlichen und kulturellen Rahmen notwendig ist; aber Erfahrung ist wichtiger als Ausbildung; denn Sensibilität kann nicht gelehrt werden, sie muß sich durch konkrete Erfahrungen entwickeln, durch tägliche Versuche und Experimente. Für die sogenannten "Erzieherinnen" gibt es eine kontinuierliche Fortbildungszeit von ca. einer Woche pro Jahr. Solche Fortbildungen werden vom pädagogischen Zentrum organisiert. Die Gruppenerzieher bekommen Anregungen durch die Kunsterzieher und auch durch die verschiedenen Pädagogen.

Da es keine Leitung gibt, hat die Köchin oft die zentrale Vermittlerrolle. Sie nimmt z.B. die Post entgegen oder begegnet als Erste den Eltern, wenn sie die Kinder abholen. Da die Eltern und auch die

Großeltern stark in den Alltag mit einbezogen werden, gehören auch sie zum Personal[7].

6. Das Pädagogische Zentrum für die Einrichtungen in Reggio/Emilia

Mitarbeiter des pädagogischen Zentrums sind Pädagogen und Werkstattleiter. An vier Tagen der Woche sind diese Mitarbeiter normalerweise in den jeweiligen Einrichtungen. Ein Arbeitstag pro Woche ist für die übergreifende Zusammenarbeit im pädagogischen Zentrum vorgesehen. Die drei wichtigsten Aufgabenbereiche des pädagogischen Zentrums sind:

- Konzeptionsentwicklung und Auswertung der pädagogischen
- Praxis
- Beteiligung an der Umsetzung in den Einrichtungen
- Praxisbezogene Weiterbildung.

Die Pädagogen des Zentrums sind Berater und Betreuer der Kindergärten und Kinderkrippen. Sie kontrollieren das Erreichen der pädagogischen Ziele und schlagen Projekte vor. Die Werkstattleiter, also die Kunsterzieher, haben die Aufgabe, die Projektentwürfe unter den Aspekten der ästhetischen Erziehung und der Wahrnehmungspädagogik zu bereichern. Sie werden als "Spezialisten" angesehen, die Verantwortung tragen für das “kreative Potential” und das “technische Wissen”. So hat der Gruppenerzieher selbst mit den Projekten nur am Rande zu tun. Die Pädagogen überprüfen den Projektzusammenhang und stellen Überlegungen an, ob die Gestaltungstechniken dem Niveau der Kinder entsprechen. Die Konzeptionsentwicklung ist also nie abgeschlossen und mit ständigen Auswertungsarbeiten verbunden.

Die Mitarbeiter aus dem pädagogischen Zentrum sind auch an der Umsetzung des Konzeptes in den Einrichtungen beteiligt, zum Beispiel ganz konkret durch die praktische Arbeit der Werkstattleiter; sie führen mit Kleingruppen alleine oder in Zusammenarbeit mit den Erziehern die Projekte durch. Die PädagogInnen begleiten im Durchschnitt einmal in der Woche die praktische Arbeit in der Gruppe. An diesem Tag soll auch eine Sitzung mit den Erziehern und Wirtschaftskräften stattfinden, wo die pädagogische Arbeit ausgewertet und weitergeführt wird.

Die Umsetzung der Arbeit soll u.a. durch die Vorgabe der schriftlich fixierten Arbeitspläne garantiert werden. Diese Arbeitspläne sind Projektbeschreibungen mit konkreten pädagogischen Anregungen. Sie stecken den zeitlichen Rahmen für die Durchführung eines Projektes ab. Trotzdem sollen Projekte für individuelle Prozesse offen sein. Die Pädagogen fordern einen Arbeitsplan, damit die Förderung der Kinder systematisch und gleichzeitig individualisierend erfolgen kann. Der Arbeitsplan soll Grundlage für eine eigenständige und phantasievolle Arbeit sein.

Der dritte wichtige Schwerpunkt im Aufgabenbereich des pädagogischen Zentrums ist die praxisbezogene Weiterbildung. Die Fortbildungen werden nicht nur für pädagogische Mitarbeiter der Einrichtung durchgeführt, sondern auch für Wirtschaftskräfte und Eltern. Auch Wirtschaftskräfte können, wenn sie nach einer gewissen Zeit für geeignet empfunden werden, mit der Gruppenleitung betraut werden. Inhalte werden aus der pädagogischen Konzeption abgeleitet und im Hinblick auf konkrete Arbeitsvorhaben diskutiert. Kenntnisse aus der Praxiserfahrung werden ausgewertet. Die Teilnahme an diesen Weiterbildungen ist für die Mitarbeiter obligatorisch und die Umsetzung ihrer Ergebnisse verbindlich.

Kinder brauchen auch gezielte und gut vorbereitete Aktivitätsangebote. Alle freuen sich, "wenn's mal ein Mann ist."

7. Die Bedeutung der Eltern - Elternmitarbeit

Einen sehr hohen Stellenwert hat in Reggio die Elternarbeit. Ohne die Zusammenarbeit mit den Eltern wäre die Umsetzung des Konzeptes undenkbar. Für die Eltern gibt es eine regelrechte Vorbereitungsphase auf die Kindergartenerziehung. Allerdings besuchen die Kinder in der Regel, bevor sie in den Kindergarten gehen, die Kinderkrippe; die Eltern sind deshalb schon in die Elternarbeit eingeführt. Wer ein Kind in die Kinderkrippe geben möchte, muß 14 Tage Urlaub nehmen, um sich mit dem Kind in der Kinderkrippe zurechtzufinden. Dann ist ein nahtloser Übergang von der Kinderkrippe zum Kindergarten möglich, und die Eltern sind auf die intensive Mitarbeit eingestellt. Sie sollen die Tätigkeiten der Kinder begleiten und weiterführen. Durch ständige Ausstellungen der verschiedenen Projekte, durch die Zusammenstellung kleiner Hefte über die Arbeit im Kindergarten und durch Gespräche sollen die Eltern ständig informiert sein. Der Kindergarten darf nicht nur ein Ort für Kinder, sondern er muß auch ein Ort für Erwachsene sein.

Es gibt delegierte Elternvertreter, die sich wöchentlich im Elternbeirat treffen.

Nach Möglichkeit sollen Eltern oder auch Großeltern einmal in der Woche in den Kindergarten kommen und sich mit einem Teil der Kinder beschäftigen. Manchmal bekommen die Kinder Aufgaben mit nach Hause, um sie mit den Eltern zu lösen. So haben die Kinder z.B. bei einem Projekt "Kaninchen" mit den Eltern aus Ton ein Kaninchen geformt und dieses dann im Kindergarten ausgestellt.

Es wird davon ausgegangen, daß Eltern und Erzieher in regem und gutem Kontakt zueinander stehen. Dies sei für die Sozialisation des Kindes unerläßlich. Malaguzzi sagt in einer seiner Reden bei der Ausstellung in Hamburg: "Die Familie mit einzubeziehen, war eine unserer tragenden Ideen. ...Eltern die Kompetenz der Mitarbeit einzuräumen, ist ein völlig neues Konzept."[8]

8. Das Kinderatelier

In Reggio gehört zu jedem Kindergarten ein sogenanntes Kinderatelier. Um 1970 plante Malaguzzi, Ateliers einzurichten, in denen Kunstpädagogen tätig werden sollten. Die Kunsterzieher sollen von Kunstschulen kommen und zunächst nicht mit der Pädagogik, sondern mit der Kunst zu tun haben. Zusammen mit den ErzieherInnen wurde eine neue Art von pädagogischer Kultur geschaffen. Damit wollte sich Malaguzzi ganz deutlich von den traditionellen Kinderbewahranstalten abwenden. Die sogenannten Werkstattleiter haben die gleichen Arbeitszeiten und Dienstpläne wie alle anderen ErzieherInnen.

Der Kunstpädagoge hat dreierlei Aufgaben:

1. *Er soll mit den Erziehern zusammenarbeiten,* mit ihnen etwas planen, erarbeiten und dazu beitragen, daß die einzelnen Probleme und Erfahrungen mit unterschiedlichen Augen betrachtet werden. So haben sie eine vorschlagende Funktion.

2. *Eine weitere Aufgabe ist die direkte Arbeit mit den Kindern.* Die Einteilung dieser Arbeit ist von Kindergarten zu Kindergarten verschieden. Viele Kunsterzieher arbeiten mit einer bestimmten Klein-

gruppe in ihrem Atelier und führen hier Projekte durch. Manche Projekte werden in der Gesamtgruppe weitergeführt.

Fast immer werden für den Kunstpädagogen Zeiträume ausgespart, in denen er experimentieren kann. So führen die Kunsterzieher verschiedene Untersuchungen und Nachforschungen zu ihrer Arbeit durch. Daneben gibt es Kunstpädagogen, die keine feste Gruppe haben und mit allen Erziehern und Kindern der Einrichtung zusammenarbeiten. Bei den Kindern sollten bestimmte Fähigkeiten entwickelt werden, wofür der Kunsterzieher verantwortlich ist.

3. *Die dritte Aufgabe der Kunsterzieher ist die Dokumentation der Erfahrungen.* Dies ist, wie bereits erwähnt, ein ganz besonderes Merkmal der Reggio-Pädagogik. Durch die Dokumentation soll die Arbeit der Kinder und Erzieher weiterwirken. Die Arbeit soll eine Spur hinterlassen und veranschaulicht werden. Bilder und Videos zeigen die Realität genauer als verbale Berichte. Die Arbeit kann so besser reflektiert werden, und neue Anregungen können wachsen. Die Dokumentation ist Teil der Öffentlichkeitsarbeit, hat aber auch in der Verbindung zu den Familien einen wichtigen Stellenwert.

Inzwischen gibt es in den Einrichtungen neben dem zentralen Atelier noch verschiedene kleine, sogenannte "Miniwerkstätten". Sie sind aus der Erfahrung heraus gewachsen, daß die manuellen Tätigkeiten des Kindes nichts Außergewöhnliches und nichts Abgesondertes sein sollen. Denn die Erfahrungen, die die Kinder beim Malen und Modellieren machen, haben für sie erst dann einen Sinn, wenn diese zu einem Teil des täglichen Lebens werden. Die Kinder müssen die Gestaltungsmittel mit ihren alltäglichen Erfahrungsbereichen verknüpfen können[9].

Seit Jahren gibt es in Reggio einen kommunalen Puppenspieler. Nachdem Herr Dolci als Mathematiklehrer für Mittelschulen mit dem Schulsystem nicht mehr zurechtkam, wandte er sich dem Puppenspiel zu. Zunächst wollte er politisch engagiertes Theater für Erwachsene machen. Als er in Reggio gebeten wurde, für Kinder zu spielen, war das für ihn eine ganz neue Erfahrung.

Das Puppenspiel ist eine Sprache, die Kinder verstehen. Mit ihm soll den Kindern die Möglichkeit zur Kommunikation und zur Gruppenbildung gegeben werden. Beim Spiel erwacht im Kind die Freude und das Gefühl dafür, mit anderen zu kommunizieren. Dolci ist überzeugt, daß das Spiel zur Intelligenzentwicklung der Kinder einen wesentlichen Beitrag leistet. So sagt er: "Kinder, die tanzen, die malen, die spielen, werden auch früher das Schreiben lernen. Sie werden ein Interesse haben, mit anderen zu kommunizieren und dadurch auch eine Motivation, lesen und schreiben zu lernen."[10]

Dem Puppenspiel wird auch in moralischer Hinsicht seine Wirksamkeit zugesprochen. Da hier die Fähigkeit geübt wird, ständig Rollen und Figuren zu wechseln, wird es auch leichter sein, sich in die Situation eines anderen zu versetzen und ihn zu verstehen. Dolci meint, wenn diese Fähigkeit erhalten würde, gäbe es weniger Gewalt. Eine weitere Bedeutung des Puppenspiels liegt für das Kind in der Unterstützung der Identitätsfindung. Beim Puppenspiel handelt es sich um ein Spiel mit der eigenen Identität. Wenn Kinder etwas kennenlernen wollen, müssen sie damit spielen. "Ich arbeite mit der Identität bei den

Kleinen, um sie zu formen, und bei den Großen, um ihre Identität zu finden (falls sie sie noch nicht gefunden haben)."[11]

Kinder im Kindergartenalter leben in der Spannung zwischen Phantasie und Wirklichkeit. Beim Puppenspiel in Reggio wird betont, daß Rationalität und Phantasie sich nicht getrennt voneinander entwickeln sollen. Es sei gut, wenn es Momente gebe, in denen man beides zusammen erlernen kann. Phantasie und Wirklichkeit zu mischen entspricht der Art der Kinder zu lernen.

Um dem Kind in diesem Punkt entgegenzukommen, wurden ganz besondere Theaterformen entwickelt. Das Puppenspiel in Reggio weist eine große Vielfalt auf. Es werden Puppen aller Art, Handpuppen, Stabpuppen etc. sowie Marionetten, Masken und auch Schattenspiele entworfen.

Zusammenfassend stellt Dolci die Bedeutung dieser Spiele in der Erziehung kleiner Kinder so dar:

- Durch Rollenspiele bekommen die Kinder Sicherheit und Unterstützung in der Identitätsfindung.
- Sie können verschiedenste Erfahrungen sammeln; dies ist eine Hilfe in der Sozialisation.
- Es werden Aktivitäten gefördert, die mit der Entwicklung des Verstandes und der Phantasie zusammenhängen.
- Es werden Verknüpfungen mit anderen Aktivitäten angestrebt mit dem Ziel, die Feinmotorik, die verbalen Ausdrucksformen, die Körpersprache und die Musikerziehung zu fördern.

- Das Puppenspiel gibt Anregung zur Projektion. So heißt es, jedes Spiel hat eine Verbindung über den Arm zum Bewußtsein und auch zur Projektion des Bewußtseins.

In der Stadt Reggio gibt es für alle kommunalen Kindergärten und Kinderkrippen eine sogenannte "Werkstatt", die sich mit Masken, Handpuppen etc. befaßt. Zusammen mit Pädagogen werden in der Werkstatt regelmäßig Fortbildungskurse organisiert. Ein Teil der Tätigkeit erfolgt in Zusammenarbeit mit den Eltern, z.B. Puppenbau, Organisation von Vorstellungen usw. Die Werkstatt muß auch die Aufgabe eines Dokumentationszentrums erfüllen. In den Fortbildungskursen wird nicht nur die Herstellung der Puppen gelernt, sondern auch die Handhabung, und vor allem wird die Bedeutung der Puppen für das Kind studiert. Die Erzieher und Kinder werden also selbst zum Puppenspiel angeleitet, aber am schönsten und effektvollsten ist es doch, wenn der Puppenspieler selbst in den Kindergarten kommt[12].

9. Schattenspiel und Spiegel

Dem Schattenspiel wird in Reggio eine ganz besondere Bedeutung zugemessen. Mit dem Schatten werden Projekte oft über ein ganzes Jahr hinweg behandelt. Mariano Dolci hat sich nicht nur mit dem Puppenspiel, sondern auch mit dem Schattenspiel intensiv befaßt. In einem seiner Referate von 1988 in Hamburg referiert er u.a. ausführlich über seine "Schattentheorie". Er meint, daß der Schatten im Grunde die erste Erfahrung des Immateriellen sei: Man sieht den Schatten, es gibt ihn, aber man kann ihn nicht anfassen. Damit sei ein Erkenntnisweg hin zur Abstraktion geöffnet. So, meint er, sei es wahrscheinlich auch bei unseren Vorfahren geschehen. Deshalb sind in Reggio die vielen Fenster oft farbig verdeckt oder verklebt, so daß immer wieder Schatten entstehen und sich farbige Veränderungen ergeben. In Reggio wird in den Schattenspielen versucht, die Phantasie und die unterschiedlichen Verwandlungen herauszuarbeiten.

Die Arbeit mit dem Schatten wird mit drei Durchgängen erklärt.

1. *Die Selbstidentifizierung, d.h.: der Schatten soll dem Kind helfen, sein eigenes Körperschema, seine eigene Identität zu erkennen.*- Somit werden Spiele in der Sonne gemacht und dabei der eigene Schatten beobachtet. Diese ersten Spiele werden Körperschatten genannt. Die verschiedenen Spiele in der Sonne können Ausgangspunkt sein für eine ganze Reihe von Theaterprojekten mit dem ganzen Körper oder auch nur mit den Händen. In jedem Gruppenraum gibt es eine große Leinwand, die meist aus einem großen Laken besteht, wo man dann auch Schatten von 3 m Höhe machen kann. Es werden spezielle Lampen eingesetzt, die ganz punktiertes oder auch sehr starkes Licht geben. Die einfachsten Spiele hinter der Leinwand sind die sogenannten Personen-Ratespiele; dann gibt es Ratespiele, bei denen verschiedene Tätigkeiten aufgezeigt werden; später werden Rollenspiele eingeübt.

2. *Der zweite Durchgang ist das Schattentheater mit hergestellten Figuren.*- Hier muß viel Technik eingeübt werden, und die Kinder üben sich nebenbei in der Motorik. Einige besondere Eigenschaften der Schatten sind für die Kinder interessant, wie z.B.

- die Zweidimensionalität, womit sich viele Tricks durchführen lassen;

- die wechselnden Proportionen, wo z.B. durch eine einfache Verlagerung der Hand die Größe der Schatten um ein Vielfaches verändert werden kann.

3. *Der dritte Durchgang ist der Schatten und die Zeit.*- Durch Fensterbilder kann durch die Veränderung des Sonnenlichtes der Schatten im Raum verfolgt werden. Es wird beispielhaft dargestellt, wie zeitliche Abläufe damit kindgemäß verdeutlicht werden können[13].

In ähnlichem Sinne, wie die Schatten, sollen auch die Spiegel der Ich-Findung dienen. In der Gesamtkonzeption der Reggio-Pädagogik spielen die Spiegel eine wichtige Rolle. In allen Räumen, selbst in den Toiletten, befinden sich Spiegel verschiedenster Art. Sie sind zerteilt oder durch verschiedene Streifen oder Quadrate markiert. Die Kinder sollen dadurch lernen, aufgrund ihrer Erfahrungswerte einen Bildausschnitt in ihrer Phantasie zu vervollständigen[14].

Durch die vielen Spiegel können sich die Kinder von allen Seiten betrachten und kennenlernen.

10. Planung in der Reggio-Pädagogik

Es werden in den Kindergärten in Reggio verschieden lange Projekte und sogenannte didaktische Einheiten durchgeführt. Damit sind die einzelnen Teilschritte eines Projektes gemeint, die in sich wiederum bestimmt werden durch Teilziele, Inhalte und Einzelaufgaben für Kinder. Mit den Projekten beabsichtigt Malaguzzi ein sogenanntes "vergnügliches" Lernen. Malaguzzi wörtlich:

"Das Vergnügen, das Lernen, Wissen und Verstehen bereiten, ist eines der wichtigsten und grundlegendsten Gefühle, die ein Kind erwartet, wenn es allein, mit anderen Kindern oder mit Erwachsenen zusammen neue Erfahrungen macht. In diesem entscheidenden Gefühl muß man die Kinder bestärken, damit das Vergnügen auch dann noch anhält, wenn sich herausstellt, daß Lernen, Wissen und Verstehen bisweilen schwierig und mühsam sind. Dies fortwährende Vergnügen geht mit der Zeit dann in richtige Freude über."[15]

Projekte, die sich über einen längeren Zeitraum erstrecken, sollen den Kindern helfen, sich in einer Struktur zurechtzufinden und Beziehungen zu einem Thema zu entwickeln.

Wie werden nun didaktische Einheiten gefunden?

Es muß zunächst eine Bestandsaufnahme über die Gruppensituation gemacht werden. Folgenden Fragen wird nachgegangen:

- Was bewegt die Kinder?
- Welches sind ihre momentanen Interessen und/oder Probleme?

Themen und Inhalte für ein Projekt müssen sich an den Erlebnissen und Ereignissen der Kinder und Erwachsenen orientieren. Die Inhalte müssen lebensnah und konkret sein. Bevorzugt werden Ereignisse aus der nächsten Umgebung, um gegenstandsbezogen und mit konkreten Erfahrungen zu arbeiten. Wenn das Thema feststeht, werden die Inhalte der didaktischen Einheiten nach ihren Lernmöglichkeiten analysiert. Die Teilziele orientieren sich am Endziel, das festlegt, über welche Fähigkeiten das Kind bis zur Einschulung verfügen soll.

Die Kommunikations- und Bewegungsbedürfnisse müssen immer beachtet werden. Um den rechten Ausgangspunkt zu finden, wird gefragt, auf welcher Stufe der Denkfähigkeit und Vorstellungskraft die Kinder sich eben befinden. Zielformulierungen müssen sich immer auf die Ganzheit der Kinder beziehen.

Projekte werden der jeweiligen Altersgruppe angepaßt. So kann es sein, daß eine didaktische Einheit in derselben Einrichtung bei verschiedenen Gruppen mit unterschiedlichen Schwerpunkten durchgeführt wird. Die Individualität des Lernens soll immer gewährleistet sein. Dazu werden häufig Kleingruppen gebildet, die in den jeweiligen Nebenräumen ungestört arbeiten sollen[16].

Der Ablauf eines Projektes wird genau festgehalten. Kinder sammeln ihre Werke in Mappen. Die Projekte werden in Zusammenarbeit von Eltern und ErzieherInnen dokumentiert. Jeder Ablauf des Projektes wird fotografiert. Durch die Dokumentation soll das Projekt weiterwirken und vertieft werden können.

Außer den Projekten sind Alltagserfahrungen für die Kinder wichtig. Erkundungsgänge werden immer wieder empfohlen. Die Erzieherin soll zuerst mit nur zwei Kindern losgehen. Die Kinder sollen dabei eine möglichst ganzheitliche Erfahrung machen können. Gehen sie z.B. in den Park, in die Natur, sollen sie dort die Natur mit allen Sinnen wahrnehmen. Die Kinder sollen alles anfassen, sehen, fühlen, riechen und hören dürfen. Sie gehen z.B. gemeinsam auf den Markt, unterhalten sich dort mit den Leuten, schauen den Arbeitern auf der Straße zu, besuchen alte Menschen oder auch die Eltern zu Hause.

Bei den Besichtigungen der Kindertagesstätten in Reggio wurde klar, daß die Projekte zum größten Teil von den Kunsterziehern durchgeführt wurden: die Erzieher standen nur helfend zur Seite. In den Gruppen wurde mit den Kindern zum Teil schulähnlich mit Vorschulblättern gearbeitet. Dies sollte der kognitiven Förderung dienen.

11. Projektbeispiel - Eine Reise nach Venedig

An einem Beispiel wird die Lebendigkeit und Vielfalt sichtbar: das Projekt "Eine Reise nach Venedig".

Begonnen hat es mit einer Ansichtskarte eines Kindes aus dem Urlaub. Die Kinder betrachteten die Ansichtskarte in der Gruppe; einige meinten, daß sie von zu Hause gehört hätten, alle Italiener müßten einmal in Venedig gewesen sein. Unter den Kindern ging die "Fama", daß diese Stadt eine sehr eigenartige Stadt am Meer sei.

Die Gruppenbetreuer und Pädagogen merkten, daß bei den Kindern großes Interesse für diese Stadt entstand. Sie ließen die Kinder erzählen und malen, wie sie sich diese Stadt vorstellten. So entstanden eigenartige Gemälde, denen die Erzieherinnen die Aussagen der Kinder über die Stadt beifügten. Die Kinder wurden angeregt zu erzählen, warum sie sich diese Stadt so schön vorstellten. So sagte z.B. ein Kind: "Venedig ist schön, weil es keine Straßen hat, sondern nur Gehwege und Schiffe." Oder ein anderes: "Venedig finde ich schön, weil alle Häuser im Wasser stehen."

So konnten die Kinder ihre Vorstellungen äußern, und in der Gruppe wuchs die Neugierde auf die Stadt. Die Gemälde und Protokolle der Kinder hingen in der Vorhalle aus und machten auch die Eltern neugierig. Sie wurden informiert und einige von ihnen erklärten sich bereit, die Reise nach Venedig mitzumachen. Es wurde ein Stadtplan besorgt und den Kindern erklärt, daß anhand dieses Planes einige Sehenswürdigkeiten ausfindig gemacht werden können. Dies war natürlich sehr abstrakt und nicht für alle Kinder nachvollziehbar. Jedoch sollten sie lernen, daß man grundsätzlich sich zunächst orientieren muß. Die älteren Kinder interessierten sich schon für die Zeichen und Symbole und waren stolz, auf dem Plan Symbole ausfindig zu machen.

Dann wurde über den Reisetag diskutiert. Von der Abfahrt bis zur Wiederkunft wurde ein Reiseplan erstellt und überlegt, warum es überhaupt wichtig ist, zu reisen. Alle Kinder hatten sich eine Antwort überlegt, die die Erzieherinnen schriftlich festhielten. Nachdem die Kinder sich erzählt hatten, warum sie nach Venedig reisen und was sie dort erleben wollten, wurden sie von den Pädagogen damit konfrontiert, daß es bestimmter Regeln bedarf, wenn man als Gruppe reisen will. Zuerst wurde mit den Kindern besprochen, was eine Regel ist und warum sie aufgestellt wird; dann wurde dies gezielt auf die Reise bezogen.

Somit wurde den Kindern wirklich an konkreten Dingen klargemacht, wie sie sich verhalten müssen, damit die Reise gelingen kann. Auch dies wurde wieder dokumentiert und von den Kindern mit Bildern versehen. Auch über den Reiseproviant wurde gesprochen, und die Kinder malten auf, was sie auf jeden Fall mitnehmen müßten. Ganz zum Schluß hat sich eines der Kinder noch überlegt, was ein

Tourist alles braucht, malte es auf, und von den Erziehern wurde es beschriftet.

All diese Erfahrungen und Vorbereitungen wurden in einem Heft gesammelt und für die Eltern fotokopiert. Dieses Heft war dann zugleich die Information für die Eltern. Es war sehr anschaulich und kindgemäß gestaltet.

Eine Gruppe, in der sich die Kinder überlegten, wie sie eigentlich zu Geld für die Fahrkarten kämen, hatte vorher ein anderes Projekt gestaltet. Die Kinder hatten aus den Früchten im Garten Marmelade gemacht und den Eltern "verkauft", um zu Geld zu kommen.

Jedes Projekt wird entsprechend ausgewertet. Das Reiseprojekt "Venedig" war ein relativ kurzes Projekt. Es gibt aber auch solche, die sich über ein ganzes Jahr hinwegziehen, so z.B. "Wie verändert sich ein Baum während des Jahres?" Kinder hatten die Naturveränderungen täglich festgehalten; ein Gruppenmitglied hatte die Aufgabe, mit der Erzieherin die Naturbeobachtung zu dokumentieren.

Durchführung und Gestaltung der kreativen Projekte sind sicherlich eine große Stärke der Reggio-Einrichtungen.

Anmerkungen

[1] Vgl. Dokumentation der Ausstellung und Fachtagung Reggio, S. 11

[2] Vgl. Harms/Prott: Das Auge schläft, bis es der Geist mit einer Frage weckt, S. 176 f.

[3] Vgl. in: Dokumentation der Ausstellung und Fachtagung Reggio, S. 32 und S. 44

[4] Vgl. Projektgruppe Reggio/Hamburg 1990, Wenn das Auge über die Mauer springt, S. 47-49

[5] Vgl. dazu: Dokumentation der Ausstellung und Fachtagung Reggio, S. 46-48

[6] Malaguzzi, in: Le intelligenze si trovano usandole, S. 51

[7] Vgl. hierzu: Dokumentation der Ausstellung und Fachtagung Reggio, S. 32, 38, 77, 83

[8] Rede von Prof. Malaguzzi an die Eltern und Erzieher, in: Projektgruppe Reggio, Wenn das Auge über die Mauer springt

[9] Vgl. dazu: Projektgruppe Reggio/Hamburg, S. 82-86 und: Dokumentation der Ausstellung und Fachtagung Reggio, S. 111

[10] Vgl. Dolci in: Projekt Reggio/Hamburg, S. 113

[11] Vgl. Dolci in: Projektgruppe Reggio/Hamburg, S. 114

[12] Vgl. zum Puppenspiel: Dolci Mariano, Le intelligenze si trovano usandole, S. 56-64

[13] Vgl. dazu Dolci in: Projektgruppe Reggio/Hamburg, S. 127, 137-143 und Fachtagung Reggio, S. 140f.

[14] Vgl. Dokumentation der Ausstellung und Fachtagung Reggio, S. 118

[15] Malaguzzi in: Projektgruppe Reggio/Hamburg, S. 86

[16] Vgl. Sergio Spaggiari in: Dokumentation der Ausstellung und Fachtagung Reggio, S. 124 u. S. 125

Literatur

Comune di Reggio/Emilia (Hrsg.), L'occhio se salta il muro, Cotip Modena, Gennaio 1984

Comune di Reggio/Emilia (Hrsg.), Le intelligenze si trovano usandole, Bergamo 1990

Comune di Reggio/Emilia (Hrsg.), I cento linguaggi dei bambini, Cotip Modena 1987

Dokumentation der Ausstellung und Fachtagung Reggio

Dolci, Mariano, Das Abenteuer des Puppenspiels mit Krippenkindern, in: Kita – Info 82

Dreier, Annette, Was tut der Wind, wenn er nicht weht?, Berlin 1993

Harms/Prott, Das Auge schläft, bis es der Geist mit einer Frage weckt, in: Welt des Kindes 3, 1985

Hermann u.a., Das Auge schläft, bis es der Geist mit einer Frage weckt, Berlin 1993

Malaguzzi, Loris, in, MATTONE su MATTONE, Reggio Emilia 1985

Krieg, Elisabeth (Hg.), Hundert Welten entdecken. Die Pädagogik der Kindertagesstätte in Reggio/Emilia, Essen: Neue Deutsche Schule 1993

Küppers, Judith und Horst, Reggiopädagogik vor Ort, in: klein & groß 11-12/97, S. 20f.

Projektgruppe Reggio/Hamburg (Hrsg.), Wenn das Auge über die Mauer springt, Hamburg 1990

Sommer, B. / Wilhelm, G., Dokumentation der Ausstellung und Fachtagung Reggio, Berlin 1988

Springer, Catherine und Arzenbacher, Dagmar, Reggio gibt den Ton an, in: klein & groß 11-12/97, S.24f.

Nicht der wissens- und bildungsfeindliche Kindergarten ist gefragt, sondern echte, erlebende Bildung in aktivierenden Projekten. Sie hinterlassen grundlegende Spuren für das ganze Leben.

Franz Rudolph

Die Vorschulpädagogik der ehemaligen DDR – Was man von ihr lernen kann – u.a. mit Blick auf Fröbel

Franz Rudolph

Die Vorschulpädagogik der ehemaligen DDR – Was man von ihr lernen kann, - u.a. mit Blick auf Fröbel

1. Vorbemerkungen

Vorliegender Beitrag basiert auf der Erkenntnis, daß man neues Zukunftsträchtiges in der Gegenwart nur dann schaffen kann, wenn man Vergangenes, sowohl in Ost als auch in West, sachlich betrachtet und eine vernünftig-sachliche Beziehung herstellt, eingedenk der jeweilig unterschiedlich herrschenden gesellschaftlichen Bedingungen von 1945 bis 1989 in Deutschland. Mein Anliegen ist, Grundsätze, Leitlinien, Erkenntnisse und Wirksamkeit der DDR-Vorschulpädagogik darzulegen, ohne dabei den Anspruch der Vollständigkeit stellen zu wollen. Alle vorgetragenen Aspekte werden zur Diskussion gestellt, um zu prüfen, was von ihnen erhaltens- und bewahrenswert sein könnte.

Dargestellt werden

- die Entwicklung des Kindergartens als Bestandteil des einheitlichen Bildungssystem der DDR, d. h. seine Zuordnung zur Volksbildung als vorwiegend pädagogische Institution;
- das Fröbel-Bild im Zusammenhang mit der Entwicklung des Kindergartens und seiner Pädagogik in der DDR;

- der Kindergarten in der DDR – eine überwiegend staatliche Einrichtung – und seine sozialpolitische, gesellschaftlich-ökonomische und pädagogische Funktion in einer Gegenüberstellung mit dem Kindergarten heute als vorwiegend sozialfürsorgerische Einrichtung in der Regie vieler unterschiedlicher Trägerschaften; Vor- und Nachteile aus unserer Sicht;

- wissenschaftstheoretische Auffassungen, Erkenntnisse und Positionen über Erziehung, Bildung und Entwicklung der Persönlichkeit; Menschenbild und Bild vom Kind im Zusammenhang mit der Dialektik von Persönlichkeit-Individualität-Kollektiv in ganzheitlicher Betrachtungsweise und Funktion; die stetige Hinwendung zum Kind und ihre Praxiswirksamkeit; kurze Begründung, warum "führende Rolle des Erziehers" und warum "Planvorgaben" für die Organisierung, Lenkung und Leitung des pädagogischen Prozesses auch heute, unter den neuen gesellschaftlichen Bedingungen, erforderlich sind;

- vorwiegend strukturelle, ökonomische und soziale Komponenten in Kurzfassung – mehr oder weniger in Form der Nennung und Abwägung der Polaritäten "bewährt" - "nicht bewährt", wie z. B. die gesundheitliche Betreuung und gesundheitsfördernde Gestaltung der Lebensbedingungen, die Unentgeldlichkeit des Kindergartens, die staatliche Aus- und Weiterbildung der Kindergärtnerinnen, die Stellung der Kindergärtnerin als staatliche Erzieherin und ihre Bezahlung – Gleichstellung mit dem Lehrer der Unterstufe, die Wirkungsweise der Kindergarten-Ordnung als Gesetz.

2. Vom Zerschlagenen lernen?

Es ist sicher kein Zufall oder nur eine Geste, daß sich die Abteilung Sozialpädagogik/Sozialarbeit der Pädagogischen Hochschule Freiburg angesichts der gegenwärtigen Situation der Kleinkindererziehung in Deutschland, d. h. der gegenwärtigen Kindergartendebatte über inhaltliche und didaktisch-methodische Fragen, auch mit der Vorschulpädagogik der DDR auseinandersetzt. Dankenswerterweise zählt Herr Prof. Dr. Huppertz mit zu den ersten Vorschulwissenschaftlern aus den alten Bundesländern[1], die sich uneigennützig in den neuen Bundesländern – in diesem Falle in Halle/S. am Hochschulinstitut für Aus- und Weiterbildung für Fachschullehrer an Pädagogischen Schulen für Kindergärtnerinnen – helfend zur Verfügung stellten.

Wir erinnern uns genau, daß Prof. Huppertz neben manch berechtigter Kritik an Theorie und Praxis unserer DDR-Vorschulpädagogik auch darauf verwies, daß es durchaus positive Ansätze und Aspekte gibt, die nicht in Vergessenheit geraten dürften und in der künftigen gesamtdeutschen Kleinkinderziehung entsprechende Berücksichtigung finden könnten bzw. sollten.

Sicher gibt es Erhaltenswertes unserer vergangenen Arbeit, sowohl was die inhaltliche, didaktisch-methodische und praktische Arbeit des Kindergartens angeht, als auch was die Aus- und Weiterbildung der Kindergärtnerinnen betrifft. Aber ist es nicht eigenartig, neben den bestehenden Anwürfen und Kritiken an der DDR-Vorschulerziehung darüber zu sprechen, was man von der Vorschulpädagogik der DDR lernen kann? Es klingt auf den ersten Blick wie eine provokatorische Herausforderung und anmaßend zugleich. Ich finde, man sollte die

Thematik etwas bescheidener formulieren, in dem Sinne etwa: Was kann man nutzen für Theorie und Praxis der Kleinkinderziehung? Was könnte man eventuell übernehmen? Was gibt es an erhaltenswerten Aspekten und Komponenten?

Leider war man ja im Wendejahr 1989 bzw. im Einigungsjahr 1990 sehr schnell dabei, die Strukturen des DDR-Bildungssystems allgemein und speziell die der Vorschulerziehung zu zerschlagen. Man hat von regierungspolitischer Seite her versäumt, auf die Fachleute der alten Bundesländer zu hören, von denen mehrfach die Forderung kam, daß sich Vertreter von West und Ost gemeinsam an einen Tisch setzen, um darüber zu beraten, was man hinsichtlich der praktischen vorschulpädagogischen Entwicklung, Ziele und Ergebnisse einschließlich der wissenschaftlich-theoretischen Ansätze nutzen sollte in der neuen Etappe künftiger gesamtdeutscher Kleinkinderziehung. Es wurde versäumt, beide Seiten ins Gespräch zu bringen, abzuwägen und zu sondieren: Welche nutzbringenden Seiten gibt es in West und Ost?

Was geschah? Diskutiert und angepriesen wurden vorwiegend viele Curriculum-Ansätze und deren Praktiken. Die Kindergärtnerinnen, die Wissenschaftler und Lehrkräfte der DDR wurden überhäuft mit pädagogischen Ansätzen, z.B. mit der Vorstellung der Pädagogik Rudolf Steiners und Maria Montessoris sowie mit didaktischen Ansätzen, wie z.B. dem Situationsansatz und dem Lebensbezogenen Ansatz und nicht zuletzt mit philosophischen Auffassungen über das "richtige" Bild vom Kind in Einheit heftiger Kritik an der DDR-Vorschulpädagogik insgesamt. Das Ergebnis war und ist z. Zt. teilweise immer noch das Vorhandensein von Irritationen und eine große

Verunsicherung der Arbeitsweise der Erzieher wie auch der Tatsache, daß man der Gefahr ausgesetzt ist, von einem Extrem ins andere zu fallen.

3. Der Kindergarten als Vorzeigemodell

Im Folgenden soll nun der Versuch unternommen werden – ohne sich einen Tadel einzuholen, wir wollten DDR-Nostalgie betreiben – sachlich der Frage nachzugehen, was es gemeinsam zu diskutieren gibt, welche Auseinandersetzungen geführt und welche Überlegungen über Bewahrenswertes und Erhaltenswertes angestellt werden könnten bzw. sollten.

Der Kindergarten gehört zu den festen Bestandteilen der Bildungsentwicklung in der DDR zwischen 1945 und 1989. Seine Entwicklung in diesem Zeitraum bietet sich als Fundus historischer Erfahrungen an, denn – wenn man als Zeitmaß das Kalenderjahr 1990 nimmt – 150 Jahre "Deutscher Kindergarten" impliziert auch 45 Jahre Kindergarten in der DDR wie auch 45 Jahre Kindergarten in der alten BRD.

Bei aller Problematik, die der Vorschulerziehung der DDR und ihrer Pädagogik innewohnt, war es unter den Bedingungen einer außerordentlich hohen Integration von Müttern in den Arbeitsprozeß eine eminente Leistung des "Arbeiter- und Bauernstaates", daß ab Beginn der 80er Jahre für alle Kinder ein Kindergartenplatz zur Verfügung stand.

Es hieße historische Wahrheit zu leugnen, wenn ausgeklammert würde, daß der materiellen, inhaltlichen und personellen Ausgestaltung der Kindergärten in der DDR seitens des Staates und der führenden Partei immer und zunehmend Aufmerksamkeit gegolten hat. Es ist auch berechtigt, davon auszugehen, daß das Kind, die allseitige und harmonische Persönlichkeitsentwicklung des künftigen sozialistischen Staatsbürgers, in einer primären Rolle stand und die Zuneigung zum Kind im Sinne einer kinderfreundlichen Einstellung vorhanden war.

Innerhalb des sozialistischen Bildungssystems, wie es nach 1959 konzipiert und 1965 gesetzlich festgelegt wurde, war und blieb der Kindergarten immer eine der kinderfreundlichsten Institutionen und wurde von Kindern, Eltern und Vorschulpädagogen mit Herz und Verstand betrieben. Vorab sei schon jetzt gesagt, der Kindergarten, die Vorschulerziehung und die polytechnische Erziehung waren und blieben die Vorzeige-Modelle des sozialistischen Bildungswesens und erwarben sich auch die entsprechende internationale Beachtung.

Das ist insofern bemerkenswert, als sich das Bildungswesen insgesamt zunehmend schul- und unterrichtszentriert entwickelte. Indem die einheitliche Erfüllung von Lehrplänen unzulässig in den Mittelpunkt rückte, wurde gleichzeitig die Sicht auf das einzelne Kind, seine Altersspezifik, seine Entwicklungsbesonderheiten, seine Eigenaktivitäten und Kreativität etwas verdrängt. Natürlich blieb auch der Kindergarten als das unterste Glied des einheitlichen Bildungssystem davon nicht unberührt. Um das deutlicher zu machen und zu konkretisieren, möchte ich im folgenden wenigstens drei damit verbundene Probleme ansprechen sowie einige historische Erfahrungen kennzeichnen und so versuchen, den historisch gewachsenen Boden zu beschreiben, auf den die gegenwärtige Entwicklung im Zusammenhang mit der vollzogenen Herstellung der Einheit Deutschlands auf dem Territorium der DDR trifft.

Problematisiert werden sollen[2]: die Entwicklung des Kindergartens als Bestandteil des einheitlichen Bildungswesens, d. h. seine Zuordnung zur Volksbildung; die Tendenz der Ausklärung allgemeiner pädagogischer Spannungsfelder in ihrer Auswirkung auf den Kindergarten; das Fröbelbild im Zusammenhang mit der Entwicklung des Kindergartens in der DDR bis 1989.

"So schön bin ich und so stolz auf meine Werke." – Ein Spielhaus im Kindergarten bietet besondere Möglichkeiten.

4. Die Entwicklung des Kindergartens als Bestandteil des einheitlichen Bildungswesens und seine Zuordnung zur Volksbildung

Mit dem Gesetz zur Demokratisierung der deutschen Schule vom 12. Juni 1946 wurde der Kindergarten aus dem sozialfürsorgischen Bereich herausgelöst und der "demokratischen Einheitsschule" zugeordnet. Darunter wurde das organisch gegliederte und strukturierte Bildungswesen mit "Vorstufe" (Kindergarten für Kinder von drei Jahren bis zum Schuleintritt), "Grundstufe" (achtklassige Grundschule als Pflichtschule für alle), "Oberstufe" (Berufs-, Fach- und die zum Abitur führende Oberschule) sowie die Hochschulen verstanden. Innerhalb dieses öffentlichen Erziehungswesens erhielt der Kindergarten die Aufgabe, die Kinder zur Schulreife zu führen[3].

Die Entscheidung von 1946, den Kindergarten in dieses System zu integrieren, konnte sich auf Traditionen berufen, die bis zu Comenius zurückreichten. Das damit verbundene Verständnis von Einheitlichkeit bedeutete nun mehr – wie auch in bildungspolitischen Konzepten der Arbeiterbewegung im ersten Drittel des Jahrhunderts: Erstens die Erschließung aller Stufen des einheitlich strukturierten Bildungsganges für alle. Zweitens waren einheitliche Prinzipien für jegliche Bildung verbindlich. Auf allen Stufen war eine an den Wissenschaften orientierte, auf antifaschistisch-demokratische Erziehung gerichtete Bildung zu vermitteln.

Die Bestimmung der Funktion des Kindergartens als Teil der sogenannten demokratischen Einheitsschule wurde noch im Jahr 1946 differenzierter erläutert und um die Bestimmung seiner – über das Bildungswesen hinausgehenden – gesellschaftlichen Funktion erweitert:

durch die "Richtlinien für Kindergärten" vom 1. Juli 1946 und die Festlegung zur Einordnung des Kindergartens in das Schulwesen vom 1. Dezember 1946[4]. In den von der Deutschen Verwaltung für Volksbildung im Frühjahr 1948 veröffentlichten "Grundsätzen der Erziehung im deutschen Kindergarten" wurden die vom Kindergarten zu lösenden Aufgaben in folgender Weise gekennzeichnet: Als Teil der Einheitsschule hat der Kindergarten erstens "die Kinder im demokratischen Geiste"[5] zu erziehen. Zweitens hat er zur "allseitigen Ausbildung aller kindlichen Kräfte"[6] beizutragen. Daraus wurden fünf "Erziehungsbereiche" abgeleitet: die körperliche und hygienische Erziehung, die Entwicklung der geistigen Anlagen und Befähigungen des Kindes, die sittliche Erziehung und die künstlerische Erziehung. Als drittes wird der soziale Aspekt genannt, nämlich die Betreuung der Kinder lernender, studierender und arbeitender Mütter. Hier wurde ein wichtiger Ansatzpunkt dafür gesehen, Frauen die Möglichkeit zu geben, gleichberechtigt im gesellschaftlichen Leben mitwirken zu können.

Vor allem der soziale Aspekt bestimmte den Bedarf an Kindergartenplätzen und ließ ihn rasch weiter anwachsen. Bis in die 70er Jahre hinein blieb die Anzahl der Plätze hinter dem Bedarf zurück. Eine wesentliche Ursache lag in der volkswirtschaftlichen Situation, die auf die Arbeitskraft der Frauen angewiesen war. Im ersten Nachkriegsjahrzehnt war die Anzahl der alleinerziehenden Frauen sehr hoch; bedingt durch die Kriegsfolgen, machten sie etwa drei Fünftel der arbeitsfähigen Bevölkerung aus[7]. Zunehmend ab Mitte der 50er Jahre fielen volkswirtschaftlicher Bedarf und die gleichberechtigte Inanspruchnahme von Ausbildung und Arbeitsplatz zusammen. Vor allem aus dieser spezifischen Aufgabe des Kindergartens heraus entwickelte sich die Besonderheit eines arbeitstaglangen Aufenthalts der Kinder im Kindergarten und die Notwendigkeit einer dementsprechenden Tagesgestaltung, die mit großen Belastungen für die Kinder, die Erzieher und die Betreuungskräfte verbunden war und besonderer pädagogischer Lösungen bedurfte.

Die so bestimmte gesellschaftliche Funktion des Kindergartens war in dieser Gewichtung und in dieser Bündelung politischer, bildungspolitischer, pädagogischer und sozialer Aufgaben in der deutschen Bildungsgeschichte ohne Vorbild. Zugleich verfügte die Vorschulerziehung über reiche Traditionen und Erfahrungen konzeptioneller und praktischer Art im Bereich der sozialen Betreuung, der Vorschulpädagogik, der Arbeit in Vorschuleinrichtungen, letzteres insbesondere in der Tradition Fröbels oder integriert in reformpädagogisches Gedankengut. Demgegenüber waren wiederum die personellen und materiellen Voraussetzungen in Ausbildungsstand der Kindergärtnerinnen, Ausstattungsgrad und Anzahl der Kindergärten und für wissenschaftlich-konzeptionelle Arbeit außerordentlich kompliziert.

Viele dieser Probleme konnten auch bis 1989 nicht restlos gelöst werden. Mit großer Konsequenz wurden etwa seit Mitte der 60er Jahre die Möglichkeiten zum Kindergartenbesuch erweitert. Wichtige Voraussetzungen dafür waren bereits in den 50er Jahren mit der Einrichtung Pädagogischer Fachschulen für Kindergärtnerinnen und Mitte der 50er Jahre mit der Qualifizierung bewährter Vorschulerzieher für die wissenschaftliche Arbeit im Bereich der Vorschulpädagogik geschaffen worden. Ich erwähne hier nur den Fachbereich Vorschulerziehung an der Humboldt-Uni Berlin, der 1956 mit der Ausbildung von Dipl.-Pädagogen für Vorschulerziehung begann. Zugleich bahnten sich aber auch Einseitigkeiten an oder wurden ganze Problembereiche verdrängt. So blieb beispielsweise das Problem des Langzeitaufenthaltes und die damit verbundenen Belastungen ungelöst. Traditionen der Vorschulerziehung wurden aus politischen Gründen vereinseitigt. So wurden reform-pädagogische Erfahrungen und Methoden mit dem Terminus "spätbürgerlicher Reformismus" beziehungsweise "imperialistische Pädagogik" belegt und als "revisionistisch” bekämpft. Unter den von den Kindergärten zu lösenden Aufgaben rückte die Vorbereitung auf die Schule unzulässig in den Mittelpunkt, wurde aus den Anforderungen der Schule gleichsam "rückgerechnet". Die Lösung sozialer Probleme konzentrierte sich eingeengt auf die Anzahl neugeschaffener Kindergartenplätze. Gerade solche Fragen wurden mehrfach angemahnt, durch die Einbindung in das Bildungswesen, immer aber durch die dafür gültigen, durch Bildung und Erziehung einheitlich zu transformierenden Ziele der Persönlichkeitsentwicklung überlagert. Von diesen Zielen wurden die Aufgaben für den Kindergarten "rückgerechnet", sie waren deshalb auch in hohem Maße schulbezogen angelegt[8]. Zugleich wurden deutliche Rückstände in der Vorschulpädagogik offensichtlich.

Im über vierzigjährigen Umgang mit der Idee von 1946, den Kindergarten als Vorstufe innerhalb einer demokratischen Einheitsschule wirksam werden zu lassen, Kindgemäßheit und die Lösung vielgestaltiger sozialer Probleme zu garantieren, liegen wichtige Erfahrungen und Erkenntnisse, die Nachholbedarf, Leerstellen, Fehlentwicklungen, aber auch Bewahrenswertes kennzeichnen.

5. Die Tendenz der Ausklärung allgemeiner pädagogischer Spannungsfelder in ihrer Auswirkung auf den Kindergarten

Mit den gesetzlichen Festlegungen waren zunächst prinzipielle Entscheidungen vorgegeben, die die Chance in sich bargen, für die deutsche Bildungsgeschichte neue und erstmalige bildungspolitische, pädagogische und soziale Lösungen zu entwickeln und zu erproben. Viele der konzeptionellen Vorschläge für den Bereich der Vorschulerziehung bis etwa Mitte der 5oer Jahre waren auf eine solche Entwicklung gerichtet. Während aber einerseits bis zu diesem Zeitpunkt günstigere Bedingungen für pädagogische Lösungen entstanden waren, blieb die Kindergartenpraxis mindestens bis zu diesem Zeitpunkt durch viele personelle und materielle Probleme belastet. Zu den günstigeren Bedingungen gehörten zum Beispiel der Beginn einer systematischen Aus- und Weiterbildung von Kindergärtnerinnen ab 1953/54, die Konzentration der Kindergärten auf das Alter von drei Jahren bis zum Schuleintritt ab 1952, wachsende Erfahrungen, berufliches Engagement und die intensive Hinwendung zum Kind durch die Kindergärtnerinnen, der intensive Erfahrungsaustausch vor allem in der Fachzeitschrift[9].

Zeitgleich damit aber setzte eine sichtbare Vereinseitigung und Einengung der pädagogisch-konzeptionellen Aufgabenstellung ein. In enger Anlehnung an die Schule und die ihr vorgegebenen Ziele zur Leistungssteigerung und politischen Motivierung insbesondere zwischen 1949 und 1952, wurden entsprechende Aufgaben auch für die Bildung und Erziehung im Kindergarten abgeleitet. Die Kontinuität des Bildungs- und Erziehungsprozesses von Kindergarten und Schule wurde verstärkt in den Mittelpunkt gerückt, die Vorbereitung auf das Lernen in der Schule zur wesentlichen Aufgabe erklärt und die Forderung, Systematik und Planmäßigkeit der Bildungs- und Erziehungsarbeit durch die führende Rolle des Lehrers bzw. der Erzieherin zu erhöhen, übernommen. Beispielsweise wurde auf einer von der Gewerkschaft initiierten Konferenz im Oktober 1949 vor Kindergärtnerinnen und Unterstufenlehrern von Netti Christensen erklärt, daß es zur Erfüllung der gesellschaftlichen Aufgaben notwendig sei, die Kinder der Werktätigen vom 3. Lebensjahr an systematisch und planmäßig zu erziehen und damit möglichst gut auf die Schule vorzubereiten[10].

Planmäßigkeit und Systematik der Arbeit im Kindergarten, die führende Rolle der Erzieherin und ihre Befähigung zu Planung sowie die Orientierung auf eine einheitliche Methodik wurden zu zentralen Diskussionsthemen. In der Lösung damit verbundener Fragen wurden die entscheidenden Instrumente gesehen, um sozialistische Bildung und Erziehung im Kindergarten zu realisieren. Viele dieser bildungspolitischen und didaktischen Prinzipien wurden der sowjetischen Bildungspraxis und Pädagogik entlehnt, deren Studium etwa 1950 einsetzte und die als Prototyp sozialistischer Pädagogik verstanden wurde. Die zum Studium genutzten Schriften reflektierten die sowjetische Pädagogik und Bildungspraxis der 30er und 40er Jahre, die wiederum wesentliche Anregungen Herbart-Zillerschen Vorstellungen entnommen hatten. Mit der aus vorrangig politischen Gründen erfolgten Orientierung auf sozialistische Pädagogik in der Gestalt von Sowjetpädagogik, wurden so gleichzeitig kritiklos Bildungs-, Erziehungs- und Unterrichtsformen der deutschen Bildungsgeschichte des 19. Jahrhunderts reproduziert[11]. Damit entstand eine Traditionslinie, die sich auf klassische bürgerliche Pädagogik, Bildungspolitik und Pädagogik der revolutionären, gemeint war damit vorwiegend der kommunistischen, Arbeiterbewegung und Sowjetpädagogik berief und alles andere weitgehend ausgrenzte. Das betraf in besonderem Maße reformpädagogische Ansätze. Mit der 1950 beginnenden, strikten Abgrenzung von sozialdemokratischen und bürgerlichen Kräften des ersten Drittels des Jahrhunderts wurden auch alle reformpädagogischen Konzepte den politischen Zielen des "Klassengegners" zugeordnet und nach pädagogischem Fortschritt nicht mehr überprüft[12]. Bereits 1949 wurde festgestellt, daß "Reste bürgerlicher Vorstellungen von Vorschulerziehung die planmäßige Bildungs- und Erziehungsarbeit in den Kindergärten" hemmen würden[13]. Mit einer solchen Ausgangsposition wurde z. B. die Montessori-Pädagogik als eine Pädagogik abgelehnt, die auf die führende Rolle des Erziehers verzichte und die Selbsttätigkeit des Kindes überbewerte; es wurden alle Vorstellungen einer "Pädagogik vom Kinde aus" als destruktiv erklärt und darin vor allem fehlende Planmäßigkeit und Systematik gesehen[14].

In den folgenden Jahrzehnten ergibt sich daraus ein permanentes Spannungsfeld. Während auf der einen Seite historische Erfahrungen und pädagogisches Engagement im Kindergartenbereich dazu führen, vor "Verschulungstendenzen" zu warnen, blieben die einheitlichen und verbindlichen Vorgaben unbefriedigend. Die erfolgreiche Arbeit des Kindergartens wurde vorrangig an der Schul- oder genauer Unterrichtsfähigkeit der Kinder gemessen[15] oder aber am Grad der altersgerechten Umsetzung von Zielstellungen, wie patriotische Erziehung, polytechnische Bildung und Erziehung, körperliche Erziehung[16].

Im Umfeld der ersten Zentralen Konferenz für Vorschulerziehung, die vom Ministerium für Volksbildung im März 1957 in Leipzig veranstaltet wurde, zeigt sich, daß die individuelle Entwicklung des Kindes im Vorschulalter und damit verbundene Probleme kaum oder ausschließlich als Diskussion darüber, "welchen Beitrag die Vorschulerziehung bei der Erziehung der Kinder zu sozialistischen Persönlichkeiten zu leisten hat und welches die besten Mittel und Methoden zur Erreichung dieses Zieles sind", behandelt wurde[17].

Auch in den nachfolgenden Jahren waren es vorrangig politische und bildungspolitische Fragestellungen, die in Zusammenhang mit Kindergarten und Vorschulerziehung diskutiert und aus denen die pädagogischen Konsequenzen abgeleitet wurden. Innerhalb dieses Prozesses erhält – ab Beginn und vor allem seit Mitte der 6oer Jahre – der Bildungs- und Erziehungsplan eine zentrale Bedeutung, als einheitliche Vorgabe für die von allen Kindergärten zu erreichenden Ziele, aber auch als Teilplan, abgestimmt mit dem nachfolgenden Lehrplan und eingeordnet in die Gesamtplanung von Bildung und Erziehung im einheitlichen sozialistischen Bildungssystem. Die Fortschreibung der Planung und die Umsetzung des Plans werden zu zentralen Aufgaben der pädagogischen Wissenschaft, der Plan selbst zu einem entscheidenden Führungs- und Kontrollinstrument der Bildungspolitik.

Bei der Exkursion zur Feuerwehr wird auch der Feuerwehrmann zum Didaktiker.

6. Das Fröbelbild im Zusammenhang mit der Entwicklung des Kindergartens in der DDR bis 1989

In pädagogischen Äußerungen sowie in bildungspolitischen Programmen von Vertretern der deutschen Arbeiterbewegung überwiegen, wenn es um die Vorschulerziehung geht, die Bezüge auf Fröbel und seinen Kindergarten[18]. Diese Traditionslinie, möglicherweise auch eine gewisse Verselbständigung der Bezeichnung "Kindergarten", ein Begriff, der auch über die Jahre 1933 bis 1945 beibehalten wurde und mit dem Versuch verbunden war, Fröbel einzuvernehmen, haben wahrscheinlich dazu geführt, die "Vorstufe" der "demokratischen Einheitsschule" 1946 ebenfalls mit diesem Begriff zu belegen[19]. Erst nachdem 1949 reformpädagogische Ansätze prinzipiell zurückgewiesen worden waren, erfolgte ab Beginn der 50er Jahre die Zuordnung der 1946 gewählten Bezeichnung zu Werk und Wirken von Fröbel.

Dieser Zeitpunkt ist nicht zufällig. Die Orientierung auf und die Beschäftigung mit Fröbel sind Bestandteile eines komplexen Rückgriffs auf die klassische bürgerliche Pädagogik, in dessen Zentrum zunächst Komensky, Fröbel und Diesterweg gerückt wurden. In diesem Rückgriff trafen politische Bedürfnisse, Bedürfnisse der pädagogischen Praxis und Theorieentwicklung sowie der notwendigen und möglichen wissenschaftlichen Erschließung von Werk und Wirken der genannten klassischen bürgerlichen Pädagogen zusammen. Befördert durch Jubiläen und Jahrestage, erfolgte die Wertung und Bewertung der bildungspolitischen und pädagogischen Konzepte vorrangig aus Gesichtspunkten heraus, die DDR als Erbe alles Progressiven in der

Geschichte zu kennzeichnen, deren gesellschaftliche Bedingungen es ermöglichen, dieses Erbe zu verwirklichen[20].

Eine solche Vorgehensweise bewirkte, daß mit beachtlicher Intensität Werk und Wirken, insbesondere von Komensky, Fröbel und Diesterweg, in der DDR wissenschaftlich erschlossen werden konnte. Erinnert sei hier an Namen wie Robert Alt, Hans Ahrbeck, Franz Hofmann in Verbindung mit Comenius; Heinrich Deiters, Ruth Hohendorf, Gerda Mundorf, Karl-Heinz Günther und Gerd Hohendorf in Verbindung mit Diesterweg; an Helmut König und Paul Mitzenheim in Verbindung mit Friedrich Fröbel.

Der beachtlichen Zuwendung zur klassischen bürgerlichen Pädagogik stand jedoch eine gewisse Verabsolutierung ihrer Ideen zur Seite und eine weitgehende Verdrängung außerhalb der festgeschriebenen Traditionslinie liegender pädagogischer Erscheinungen der Vergangenheit gegenüber. Die Fragwürdigkeit dieser Praxis wurde Ende der 70er Jahre zunehmend sichtbar.

Innerhalb dieses selektiven Vorgehens spielte die Klassengebundenheit der Ideen und Konzepte eine wichtige Rolle. So wurde klassische bürgerliche Pädagogik zwar als klassengebunden, aber auch an Klassengrenzen scheiternd, insgesamt jedoch progressiv bürgerlich gewertet. Reformpädagogik wurde demgegenüber als "reformistische, spätbürgerliche, imperialistische Pädagogik" und als die imperialistische Gesellschaft stabilisierendes Element bekämpft. Obwohl gerade die Rezeption der Reformpädagogik ein Feld innerer Auseinandersetzungen blieb, bewirkte diese Sicht dennoch eine Vereinseitigung im Umgang mit historischen Erfahrungen, die sektiererische Eingrenzung auf ein bestimmtes methodisches Instrumentarium, Kurzschlüssigkeiten und unzulässige Aktualisierungen von Geschichte sowie teilweise auch den deklarativen Umgang mit Erbe und Traditionen.

Bei allen Erweiterungen des Traditionsbildes und vielen Bemühungen der historischen Pädagogik blieb jedoch reformpädagogisches Denken aus dem öffentlichen Bewußtsein weitgehend ausgespart bzw. wurde mehrfach und immer aus politischen Gründen zurückgewiesen, so 1948/49, zwischen 1956 und 1958, erneut schließlich in den 80er Jahren im Zusammenhang mit Perestroika und Glasnost in der Sowjetunion, letztmalig durch den Präsidenten der Akademie der Pädagogischen Wissenschaften, Prof. Dr. Gerhard Neuner, auf dem IX. Pädagogischen Kongreß im Juni 1989.

Es ist deshalb möglicherweise nicht verwunderlich, wenn man in den gegenwärtigen Umbrüchen einem euphorischen Interesse an Montessori begegnet und Fröbel reservierter betrachtet wird.

Daraus ergibt sich folgende Konstellation:

- Mit Intensität wurde der Kindergarten in die Fröbelsche Tradition gestellt, aber eben nahezu ausschließlich in diese Tradition.
- Noch bis in die Fröbel-Ehrung 1982 hinein war zu bemerken, daß der Kindergarten in der DDR weitestgehend als "verwirklichter Fröbel" interpretiert wurde. Sicher mit Recht wurde 1977 nachgewiesen, "daß die progressiven Auffassungen Friedrich Fröbels über den Kindergarten als Erziehungsstätte für Vorschulkinder; über die Kindergärterinnen-Ausbildung; über die Erziehung des Kleinkindes in der Familie und im Kindergarten; über das Spiel; über die

systematische Spielvorbereitung und über die Entwicklung des Beschäftigungsmaterials in der Ausbildung von Kindergärtnerinnen ihren Niederschlag finden"[21].

Sehr aufmerksam wäre zu prüfen, wieviel von Fröbel tatsächlich in die Entwicklung des Kindergartens in der DDR eingegangen und lebendig ist und was weiterentwickelt wurde.

Bewahrenswert scheint:

- der Kindergarten und die Möglichkeit für alle Kinder, ihn zu besuchen, aber ein vorrangig pädagogisch und durch Bedürfnisse des Kindes bestimmter Kindergarten;
- die Orientierung auf und an Fröbel, aber nicht ausschließlich;
- das liebevolle und anspruchsvolle Erinnern an Fröbel in Kindergärten und breiter Öffentlichkeit;
- die vielfältige Möglichkeit, sich in Ausbildung, Wissenschaft und Praxis mit dem Werk und dem Wirken Friedrich Fröbels zu beschäftigen.

Verständnis für die Eigenwelt des Kindes zu entwickeln, war in besonderer Weise Fröbels Anliegen und bleibt ebenfalls heute und in der Zukunft eine zentrale Herausforderung an die Kindergartenpädagogik. Dies gilt gerade angesichts der vielen neuen und aktuellen Forderungen an die institutionelle Kindergartenerziehung.

Für Fröbel war der Kindergarten aber nicht nur eine Begegnungsstätte für Kinder, auch die Familien sollten vom Kindergarten angesprochen und in den Bildungsprozeß mit einbezogen werden.

Heute steht zwar für viele Eltern der praktische Nutzen des Kindergartens im Vordergrund, insbesondere im Hinblick auf die Vereinbarkeit von Familie und Erwerbsleben. Der ständige Dialog mit dem Kindergarten über Fragen der Erziehung und die Entwicklung des Kindes ist aber auch in unserer Zeit von ebenso großer Bedeutung. Damit bietet der Kindergarten Anknüpfungspunkte zwischen Familie und gesellschaftlichem Umfeld, die der heute häufigen Isolation der Familie entgegenwirken.

Das Vertrauen, das die Familien in den neuen Bundesländern für die Zusammenarbeit entgegenbringen, beruht in erster Linie darauf, daß der Kindergarten Entscheidungen von der Grundstruktur des Familienalltags widerspiegelt, nämlich die "Integration aller Erfahrungen". Keine Institution erreicht die Familien in ihrem Alltag so intensiv wie der Kindergarten. Auch die DDR sah deshalb seit Jahrzehnten in der Förderung des Kindergartens einen besonderen Schwerpunkt. In enger Kooperation mit der Familie soll und muß der Kindergarten Gelegenheit bieten, den Erfahrungs- und Lebensraum des Kindes zu erweitern und Hilfen bereitzustellen, soziale und individuelle Deprivation zu kompensieren. Denn, daß muß immer wieder mit aller Deutlichkeit gesagt werden, die grundlegenden Haltungen und Einstellungen zu Leben und Mitmenschen werden in den Altersstufen von drei bis sechs Jahren erworben. Spontaneität, Offenheit, Wißbegierde, Entdeckungsfreude, Kreativität und Bewegungsdrang sind die besonderen Charakteristika in dieser Entwicklungszeit. Darum und deswegen muß der Kindergarten eine vielseitige Institution sein, die ihre Aufmerksamkeit auf die angemessene Balance zwischen den emotionalen, intellektuellen, sozialen und körperlichen Elementen in der kindlichen

Entwicklung konzentriert und dieser Balance mit einem Angebot an Aktivitäten entgegenkommt.

Ein solches Konzept der Kindergartenpädagogik, orientiert an der Eigenwelt des Kindes, können wir heute und auch morgen nicht losgelöst von den pädagogischen Ideen Friedrichs Fröbels und der DDR-Vorschulpädagogik denken. Die Aktualität der Fröbelschen Pädagogik und von Elementen der DDR-Kleinkinderziehung für das Heute und das Morgen bestehen darin, ihre Einsichten im Hinblick auf die Bedeutung der frühen Kindheit als bleibende Herausforderungen für die Kindergartenpädagogik anzusehen. Fröbel insbesondere wie auch die DDR-Kleinkindpädagogik haben die charakteristische Ganzheit des Beziehungsgeflechts pädagogischen Zugangs mit kleinen Kindern dargestellt, wenn die pädagogische Situation z.B. nach den Kriterien des Spiels gestaltet wird. In seiner "Pädagogik des Kindergartens" sagt Fröbel, nachzulesen in der Ausgabe von W. Lange, Berlin 1974, S. 182:

> *"In aller Tätigkeit, in allem Tun des Menschen, ja schon des kleinsten Kindes spricht sich ein Zweck, eine Beziehung zu Etwas, zur Förderung oder zur Darstellung von Etwas aus. Dazu bedarf aber der Mensch und ganz besonders das Kind, in den meisten Fällen eines Stoffes, eines selbständigen, besonderen Mittels, sei es auch nur ein Hölzchen, ein Steinchen, mit dem es etwas oder welches es zu Etwas macht.... Jedes Spielmittel fordert zugleich das Kind wieder zur Selbständigkeit... zur freien, unabhängigen Bewegung auf."*[22]

Diese Phänomenologie der kindlichen Lebenswelt beginnt man heute wieder zu schätzen. Wenngleich in den letzten zwei Jahrzehnten weltweit die besondere Bedeutung der frühkindlichen Entwicklung und Lernprozesse für den gesamten Lebenslauf eines Menschen immer wieder betont wurde, so kann der breiten Öffentlichkeit nicht deutlich genug gemacht werden: Auf dieser Altersstufe werden die Grundlagen der sprachlichen, kognitiven und motivationalen Entwicklung, der kreativen Fähigkeiten, des Sozialverhaltens und der Gesundheit gelegt.

Ungeachtet dieser weltweiten Anerkennung der grundlegenden Bedeutung der Erziehung in der frühen Kindheit gab und gibt es aber grundlegende Unterschiede in der Art und Weise ihrer Verwirklichung in der Praxis. Auch wir in der DDR waren in dieser Beziehung betroffen und haben zugelassen, daß Fröbels Erbe verfälscht bzw. mißbraucht wurde. Eine Vielzahl von Bildungsprogrammen, sprich Lernprogrammen für Kindergarten und Schule (Unterstufe im besonderen) unserer DDR-Vergangenheit beweisen, daß das Spiel oftmals mißverstanden wurde, indem es zu sehr als "Lernspiel" zu speziellen Beschäftigungs- oder Einstellungszwecken eingesetzt wurde. Im Sinne Fröbels aber sollen und dürfen Spiel und Spielen nicht fehlgeleitet werden von Zwecken pädagogischer Programme, sondern soll Spiel um des Spielens willen sein. Hat doch gerade Fröbel mit seinem Konzept kindlichen Spiels einen Weg gewiesen, wie im Kindergarten eine Welt geschaffen werden kann, die die Kinder verstehen können. Nur so ist letztlich, wie es die bekannte Fröbel-Forscherin Erika Hoffmann mehrmals ausdrückte, die personale, die individuelle Eigenkraft jedes einzelnen Kindes zu entwickeln. Sie sagte wörtlich:

"Wir müssen ermöglichen, daß die ersten Eindrücke von Welt noch mit der ganzheitlichen undifferenzierten Kraft elementarer Gestaltung beantwortet werden können, und daß Kinder mit solchen Äußerungen bei den ihnen zugeordneten Erwachsenen auch Verständnis und wiederum Antwort finden. Wenn ein solcher Anfang des Menschenlebens in unserer Gesellschaft nicht nur gebildet, sondern gepflegt wird, erhöht sich die Chance, das humanum zu bewahren. Damit hätte die Institution "Kindergarten", wie Fröbel sie vor 150 Jahren begründet und konzipiert hat, ihre Einordnung als Anfang der menschlichen Bildung gefunden."[23]

In diesem Sinne verstand Friedrich Fröbel den pädagogischen Umgang als einen das Kind und den Erwachsenen gemeinsam erfassenden Bildungsprozeß, der in der Hinwendung zu Mitmensch und Gegenstand Selbstwerdung als Mensch ermöglicht. Die Bedingungen dafür könnte und sollte unser Kindergarten mit unseren Kindergärtnerinnen schaffen. Und das sollte auch heute, logisch weiter gedacht, ein wichtiger Auftrag einer jeden Ausbildungs-, Fortbildungs- und Weiterbildungsinstitution für sozialpädagogische Berufe im Elementarbereich sein.

Wir können deshalb die Ziele und Aufgaben gegenwärtiger und perspektivischer Kindergartenpädagogik, nicht zuletzt im Sinne Fröbels, als ständige Herausforderung und im Sinne einer Bewahrung des Fröbelerbes, wie folgt zusammenfassen:

Kindergartenpädagogik im umfassenden Sinne soll

- dem Kind helfen, seine Umwelt zu entdecken und zu erobern und seinen Weg ins Leben zu finden;
- das Kind ermutigen, unabhängig zu denken und zu handeln;
- die Neugier des Kindes befördern;
- dem Kind helfen, sich in einer Vielzahl von Aktivitäten darzustellen und auszudrücken;
- Gelegenheit bieten, vielfältige soziale Kontakte zu schließen, verschiedene Formen von Verhalten, Situationen und Problemen zu erfahren, die eigene Rolle in der Gruppe wahrzunehmen und die Rollen der anderen zu akzeptieren.

Alle diese Ziele sollten immer, eingebettet in Situationen des alltäglichen Lebens, angestrebt werden, denn sie können nicht in bzw. mit isolierten Spezialprogrammen erreicht werden.

Zweck der Kindergartenpädagogik ist es, dem Kind eine Horizonterweiterung anzubieten, die die familiäre Erziehung ergänzt und unterstützt. Die pädagogische Arbeit im Kindergarten kann diese ganzheitliche Zielvorgabe nur erfolgreich verwirklichen, wenn der Kindergarten als eine eigenständige pädagogische Institution anerkannt ist, in der die Maßstäbe für die Lernprozesse des Kindes nicht von den Kriterien des schulischen Lernens dominiert werden, sondern die Betonung auf dem Konzept des Lernens im Spiel liegt.

Hat Friedrich Fröbel durch seine große Liebe zu den Kindern das Wort geprägt:

"Kommt, laßt uns unseren Kindern leben!",

so soll auch der großen Idee seiner Kindergärten mit seinen eigenen Worten gedacht werden:

"Ein Kindergarten hat das Schöne, daß man säend schon die Blüten und Früchte gewinnt, und zwar doppelt, in sich und in den Kindern."

Eingedenk dieser Worte sollten wir alles daran setzen und keine Mühen scheuen, die Entwicklungsdimensionen des Kindes richtig sehen und beachten zu lernen. Wir dürfen nie wieder zulassen, daß ein falsches, überzogenes Bild des Kindes zur Grundlage pädagogischen Handelns administriert wird.

7. Was zu bedenken und zu bewahren ist

Bis 1945 war der Kindergarten vorwiegend eine Einrichtung des Sozial- und Wohlfahrtswesen. Von 1946 bis 1990 war er bekanntlich dem Volksbildungswesen zugeordnet und damit in seinem Wesen als staatliche pädagogische Institution anerkannt. Der Kindergarten heute darf einfach keine nur sozial-fürsorgerische Einrichtung sein, sondern er muß ein Bestandteil des Bildungswesens bleiben bzw. wieder werden.

Diese heute aktuelle Verschiebung der Funktion des Kindergartens von seiner pädagogischen und ökonomischen Funktion zur vorwiegend sozialfürsorgerischen Funktion verdeutlicht, daß die Entwicklung von Vorschulerziehung und Vorschulpädagogik nicht losgelöst von den gesellschaftlichen Verhältnissen zu betrachten ist. Es ist eindeutig klar, daß immer ein untrennbarer Zusammenhang von Erziehung, Entwicklung und Gesellschaft besteht. Das allein bedingt stets und immer, wie notwendig es war, ist und bleibt, die Frage nach dem Charakter des Kindergartens neu zu durchdenken. Das heißt, ich will es unmißverständlich zum Ausdruck bringen: Ein Übernehmen, eine Kopie der DDR-Vorschulpädagogik in die gegenwärtige gesamtdeutsche Vorschulpädagogik kann es nicht geben; es würde nicht funktionieren, weil alle Ziele, Inhalte und Aufgaben den in der DDR geltenden oder zu erreichenden gesellschaftlichen Bedingungen, den sozialistischen Bedürfnissen und Erfordernissen, angepaßt waren. Sie taugen nicht für die Bedingungen der kapitalistisch orientierten alten BRD und auch nicht für die heutigen gesellschaftlichen Bedingungen im vereinten Vaterland. Die DDR-Vorschulpädagogik kann allerdings Anregungen, Denkanstöße, Ansatzpunkte für Erhaltens- und Bewahrenswertes der künftigen inhaltlichen Ausgestaltung geben und dürfte insofern keinesfalls aus dem Blickfeld gerückt werden.

Diese genannten Aspekte, als Erkenntnis postuliert, dürfen heute und morgen nicht verloren gehen – sonst begehen wir Fehler, die nicht wieder gut zu machen sind. Je tiefer unsere Einsicht in die konkret historisch entwickelten gesellschaftlichen Verhältnisse in Ost und West; je umfangreicher unsere Kenntnis über die günstigsten Voraussetzungen für die Persönlichkeitsentwicklung der Kinder, einschließlich der Potenzen der Lebensbedingungen in der Familie und im Kindergarten, um so besser gelingt es, den gesellschaftlichen Anforderungen, – in die die Bedürfnisse, Wünsche, Vorstellungen, Denkhandlungen, Gefühle, Motivationen und Emotionen, wie im besonderen auch die Eigenaktivitäten des Kindes einbezogen sein müssen – adäquate pädagogisch-methodische Konsequenzen abzuleiten.

Was will ich damit ausdrücken?

Theoretische Auffassungen über die Erziehung, wie die Erziehung selbst, wurden und werden von den gesellschaftlichen Bedingungen und Bedürfnissen geprägt. Demzufolge könnten z.B. die Theorien und didaktischen Ansätze Fröbels, Montessoris, Steiners, Huppertz', Colberg-Schraders, Zimmers, Moskals, Freinets oder die Theorie und Philosophie der Reggio-Pädagogik oder vielleicht die Vorschulpädagogik Japans, nicht einander gegenüber gestellt werden mit einem einfachen Entweder-Oder. Wir wissen schließlich alle, daß es keine für alle Zeiten gültige Kindergartentheorie gibt und auch nicht geben kann. Sie entwickelt und verändert sich stets mit den gesellschaftlichen Verhältnissen. Folglich war es auch unabdingbar, eine Theorie und Methode der Kindergartenarbeit für die DDR zu entwickeln, die den gesellschaftlichen Verhältnissen der DDR entsprach. Als Positivum dieser vorschulpädagogischen Theorie möchte ich hervorheben, daß es sich lohnt, solch entscheidende Fragen der DDR-Vorschulerziehung zu aktualisieren und auf den Prüfstand des Erhaltens- u. Bewahrenswerten zu stellen, wie die Standpunkte und Inhalte über Aktivität, Tätigkeit und Entwicklung, Persönlichkeit-Individualität-Kollektiv, die als übergreifende Aspekte im Zentrum aller Betrachtungen standen.

Mit der Kennzeichnung der Aktivität bzw. Tätigkeit als charakteristisches Merkmal der Entwicklung des Vorschulkindes wurde auf die Grunderkenntnis verwiesen, daß die Entwicklung des Menschen entscheidend davon bestimmt wird, wie er sich die menschlichen Wesenskräfte aneignet. Deshalb wurde auch in allen Bildungs- und Erziehungsplänen und im Programm von 1985 aufgefordert, dem Kind Gelegenheit zu einer möglichst vielseitigen Entfaltung seiner Aktivität zu geben und damit der Ausprägung der Individualität zu entsprechen und diese planmäßig zu beeinflussen, um den Weg des Kindes, seine Umwelt erkennen und lenken zu können. Es wird deutlich, daß hier die Momente der (erforderlichen?) "führenden Rolle des Erziehers" und das der "Planung des pädagogischen Prozesses" stark anklingen. Man muß sagen, daß im DDR-Kindergarten dadurch in starkem Maße Verschulungsaspekte aufkamen wie auch leider eine zunehmende ideologische Überfrachtung der Inhalte der Erziehungs- und Bildungsziele, besonders hinsichtlich der Aneignung sittlich-moralischer Einstellungen und Verhaltensweisen im Sinne der Ideologie der Arbeiterklasse – im Ergebnis eine wenig erfreuliche und ersprießliche Sache.

Dennoch sind wir aufgerufen, Fragen aufzugreifen und neu zu überdenken, weil es gilt, im pädagogischen Prozeß des Tagesablaufes im Kindergarten, gerade unter dem Aspekt der Erhöhung der Subjektposition, zu berücksichtigen, daß – so formulierte und forderte es Kirchhöfer immer wieder – nicht die Tätigkeit an sich erzieht, sondern deren Qualität. Das heißt u.a., daß nicht irgendeine Tätigkeit zu organisieren ist, sondern solche angeregt, entwickelt und ausgeschöpft werden, die die Herausbildung bestimmter Fähigkeiten und Eigenschaften besonders unterstützen. Erstes Merkmal der Qualität der Tätigkeit sind, so Kirchhöfer, die Ziele und Motive, die mit der Tätigkeit verbunden sind[24].

Es wäre also wichtig für unsere heutigen weiterführenden Überlegungen hinsichtlich "Bewahrenswertem" bezüglich dieses Merkmals auf zwei Dinge aufmerksam zu machen: Erstens, wenn die Vorschulkinder eine aktive Lebensposition erwerben und einnehmen sollen, müssen sie die von ihnen auszuführenden Tätigkeiten selbst wollen. Zweitens müssen die Ziele und Inhalte der Motive so sein, daß durch sie die Beziehung der Kinder zu unseren heutigen Moralwerten angebahnt, vertieft und ausgeprägt werden. Hier ergäben sich m. E. Anknüpfungspunkte an die Theorien des Situations- und Lebensbezogenen Ansatzes und nicht zuletzt auch an die Fröbelsche Pädagogik.

Noch zum Begriffsinhalt "Lebensposition": Was bedeutet nach unserer Auffassung eine aktive Lebensposition? Ich will diese Frage in der Kurzfassung beantworten. Aktive Lebensposition heißt:

- die Kinder erleben eine aktive Beziehung zu ihrer Wirklichkeit
- die Kinder erkennen die Verantwortung für ihr eigenes Handeln und für das Leben in der Gemeinschaft von Kindern und Erwachsenen und nehmen sie zunehmend bewußter wahr
- die Kinder werden fähig zum Bewältigen der den Tätigkeiten innewohnenden körperlichen, geistigen und sozialen Anforderungen.

Das zeigt sich darin: Die Kinder erwerben Fähigkeiten zum Malen, Falten, Formen, Sporttreiben, Sprechen, Tanzen, Musizieren, Spielen und zum spielenden Lernen, sowohl individuell als auch in der Gruppe. All das gestattet ihnen, ihre Lebensverhältnisse wirklich zu erfassen und beherrschen zu lernen, Aktivität und Selbständigkeit hinsichtlich der verschiedensten Lebensbereiche zu erwerben. Das bedeutete, daß der Kindergarten nicht nur durch die Tätigkeit, sondern auch zur Tätigkeit erzieht, zur echten, konkreten und schöpferischen Teilnahme des Kindes an den Sozialisationen seines Lebens.

Hinsichtlich der Aspekte "führende Rolle des Erziehers" und "Planung" des Tagesgeschehens im Kindergarten einige Anmerkungen, die als eventuell Erhaltenswertes betrachtet werden könnten:

In den vergangenen 40 Jahren wurden in der DDR sorgfältig und ernsthaft unterschiedlichste Auffassungen über die Notwendigkeit der Planung untersucht, die verschiedenartigsten Planungspraktiken analysiert und im Hinblick auf die Erreichung der Erziehungsziele geprüft. Man kam zu folgender Erkenntnis: Die Erziehung der Kinder im Vorschulalter, die Formung und Entwicklung ihrer Persönlichkeit, ihre Betreuung, Belehrung, Bildung und Unterweisung ist eng verbunden mit dem gesamten Leben im Kindergarten und mit ihrer Tätigkeit, von der sie nicht getrennt werden kann. Darum kann sich auch die Planung der Erziehungsarbeit niemals nur auf die Beschäftigung, auf die Bildung beschränken.

Eine allseitige und harmonische Entwicklung des Kindes ist nur bei einer vernünftigen und geschickten Planung der gesamten Arbeit des Kindergartens möglich. Fordern die praktischen Durchführungen des Situations-, des Lebensbezogenen Ansatzes wie auch die Fröbelsche Auffassung über Kindergartenarbeit nicht auch zur Planung der Arbeit heraus? Mit der Auffassung zur Planung ist auch zugleich das Erfordernis der "führenden Rolle des Erziehers" berührt, die bei uns leider zu verfehlten Zwecken mißbraucht wurde. Aber dennoch bleibt die Tatsache: eine Erziehung und Bildung ohne führende Rolle des Erziehers gibt es nicht und wird es auch nicht geben.

Und in diesem Zusammenhang sei auch gesagt: eine Erziehung, Entwicklung und Bildung ohne Forderungen und Förderungen, die in einem Rahmenprogramm angewiesen sein sollten, geht ebenfalls nicht.

8. Menschenbild und Bild vom Kinde

Im folgenden sollen nun Auffassungen und Standpunkte referiert werden, die den Komplex Menschenbild, Bild vom Kinde im Zusammenhang mit den Fragen Individuum - Persönlichkeit – Individualität - Kollektiv betreffen und auch in der Vorschulpädagogik ihren Niederschlag gefunden haben.

Ich greife nicht die negativen Seiten und Auswirkungen auf, die sich mit dem und durch das Menschenbild im Sozialismus und durch das Defizit-Modell über das Bild des Kindes ergaben. Sie sind ja bekannt. Ich möchte mich auf diskussionswürdige Aspekte beschränken, die ich für Anregungen und weiterführende Überlegungen halte.

- Zur Dualität Persönlichkeit und Individualität

Wir wissen, daß das Ziel der Erziehung im einheitlichen sozialistischen Bildungssystem auf die Herausbildung allseitig entwickelter sozialistischer Persönlichkeiten gerichtet war. Allseitige Persönlichkeit wurde aber nicht als normatives "Soll-Bild" verstanden, das das Individuelle ausschließt, sondern Allseitigkeit der Persönlichkeit wurde stets in ihrer individuellen Vielfalt gesehen. Das Einmalige einer Persönlichkeit wird hierbei nicht nur in den Unterschieden bezüglich der körperlichen und geistigen Ausstattung sowie des unterschiedlichen sozialen Milieus jedes einzelnen gesehen. Nach Stiehler liegt

"die Einmaligkeit des Menschen in dem spezifischen Anteil, den der einzelne am Lebensprozeß der Gesellschaft durch sein Wirken im Beruf, Familie usw. nimmt, in dem durch eigene Zwecke, Interessen, Bedürfnisse, Fähigkeiten, Einstellungen beeinflußten spezifischen Beitrag zur Existenz und Entwicklung der Gemeinschaft und Gesellschaft."

Daraus ergab sich für die Erziehung der heranwachsenden Generation, daß die pädagogische Arbeit darauf ausgerichtet sein muß, das Individuelle so hervorzubringen, zu beeinflussen, zu fördern und zu berücksichtigen, daß stärker die allgemeinen Eigenschaften sozialistischer Persönlichkeit in einer nur diesem Individuum eigenen, originalen Art und Weise zum Ausdruck kommt.

Da die Einmaligkeit des Menschen/Kindes sich in seinem selbstbewußten, nach freien Entschlüssen und von eigener Verantwortung getragenen, Handeln im Interesse der Gesellschaft äußert, bedeutet Entwicklung der Individualität Herausbildung der Subjektivität des Individuums – eben der "individuellen Subjektivität".

Wir bezogen uns auf Rubinstein – dessen Position ich auch heute noch vertrete –, der da sagte:

"Der Mensch ist insofern Individualität, als er besondere, einzelne und unwiederholbare Eigenschaften besitzt. Der Mensch ist inso-

fern Persönlichkeit, als er seine Beziehungen zur Umwelt bewußt bestimmt. Der Mensch ist insofern Persönlichkeit, als er ein eigenes Antlitz trägt. Ein Mensch ist maximal eine Persönlichkeit, wenn er ein Minimum an Neutralität, an Indifferenz, an Gleichgültigkeit und ein Maximum an "Parteilichkeit" in bezug auf das gesellschaftlich Bedeutsame aufweist. Darum hat das Bewußtsein – nicht nur als Wissen, sondern auch als Beziehung – eine solch grundlegende Bedeutung für den Menschen als Persönlichkeit. Ohne Bewußtsein, ohne die Fähigkeit, bewußt einen bestimmten Standpunkt einzunehmen, gibt es keine Persönlichkeit."[27]

- Zur Dialektik von Individualität und Kollektivität

Man ging davon aus, daß Individualität nicht anders sich entwickeln kann als in der Gesellschaft, im "Spannungsfeld" zu anderen Individuen. Nur hier kann der Mensch seine individuelle Subjektivität entfalten. Ins Pädagogische transformiert bedeutet das, daß die Herausbildung der Individualität jedes Kindes sich nur in der Wechselwirkung von Kollektivität und Individualität vollziehen kann, daß sich nur so viel Individualität entfalten kann, wie Kollektivität herausgebildet wird und umgekehrt. Die Individualität des Kindes, so unser Standpunkt, kann sich nur ausprägen, wenn die Kindergruppe als kollektives Subjekt sein Subjektsein entfaltet. Das erfordert, das sich entwickelnde Kollektiv nicht nur als Mittel, sondern auch als Ziel im Erziehungsprozeß zu betrachten. Sollte man sich gegenwärtig noch bzw. wieder mit o. g. Dialektik auseinandersetzen, wäre weiterführend zu klären, wie das Kind im Verlaufe des Vorschulalters in den entsprechenden Altersgruppen oder in der altershetorogenen Gruppe zur kollektiven Meinungsbildung, zum kollektiven Mitentscheiden, Mitgestalten des Lebens im Kindergarten, zum abgestimmten Handeln, abgestimmten Lösen von gemeinsamen Aufgaben und zur Erfüllung von Pflichten im Interesse des Kindergartens befähigt werden soll.

Man darf dabei aber nie außer Acht lassen, daß Ausprägung und Aneignung von Kollektivität und Individualität im Vorschulalter nur möglich sind, wenn der Kindergarten als "Stätte frohen Kinderlebens" ausgestaltet ist. Diese Aufgabe des Kindergartens, den Kindern eine glückliche Kindheit zu bieten, gewann (und gewinnt immer noch) als pädagogische und sozialpolitische Aufgabe im Verlaufe der 4-Jahrzentelangen Praxis des Kindergartens in der DDR zunehmende Bedeutung und war unerläßlicher Bestandteil und Grundlage für die Vermittlung und Aneignung tief in der Persönlichkeit der Kinder verwurzelten gemeinschaftsfähigen Fühlens und Handelns wie auch für die Ausprägung der Individualität. Ein "frohes, glückliches Kinderleben" bedeutete dabei nicht , daß die Kinder von allen Problemen des Lebens ferngehalten und ihnen alle Probleme abgenommen wurden, wenngleich, wie wir leider feststellen müssen, zuviel Flitter und Glanz, zuviel Schein von der sog. überlegenen sozialistischen Welt gegenüber der kapitalistischen Welt vorgegaukelt wurde. Realität und Wirklichkeit stimmten oft nicht überein.

Wir sind gut beraten, wenn wir uns bei der Reformierung bzw. der Verbesserung der Vorschulerziehung durch machbare, dem Kinde nützliche Curricula und pädagogische Ansätze, – unter Berücksichtigung einer kritischen Sicht zur Vorschulerziehung der DDR und Auslese von Brauchbarem wie auch einer kritischen Sicht zur Pluralität von Angeboten an Curriculumtheorien in den alten Bundesländern und einer ebensolchen Auslese von relevanten Aspekten – , konsequenter als bisher an übergreifenden Leitlinien der Humanisierung und Demokratisierung der Bildung und Erziehung orientieren.

Das bedeutet:

– das Kind immer an den Ausgangspunkt aller Überlegungen zu stellen; es von klein an als Persönlichkeit, als biopsychosoziale unverwechselbare, eigenständige Individualität zu akzeptieren, zu tolerieren, zu respektieren und zu fordern und zu fördern
– allen Kindern gleiche Möglichkeiten und das Recht der Eltern zu sichern, über die Nutzung der gesellschaftlich gegebenen Möglichkeiten selbst zu bestimmen
– eine natürliche, entwicklungspsychologisch und pädagogisch durchdachte altersspezifische Erziehung "vom Kinde aus zum Kinde hin" und zum Nutzen der Gesellschaft zu gewährleisten, ob das nun mit Hilfe des Situationsansatzes, des Lebenbezogenen Ansatzes, der Reggio-Pädagogik, der Waldorf-Pädagogik, der Psychoanalytischen Pädagogik, der Fröbel- oder der Montessori-Pädagogik oder eigenentwickelter Konzeptionen geschieht, das sei zunächst dahingestellt. Fest steht jedenfalls für alle Konzeptionen: Jeder Ansatz, jede pädagogische Variante muß sich auf wissenschaftlich-theoretisch begründete Grundauffassungen und Leitlinien stützen und sich dabei an vorgedachte Rahmeninhalte halten.

9. Errungenschaften der DDR-Vorschulpädagogik

Ich möchte in Kurzform auf einige Tatsachen der DDR-Vorschulpädagogik verweisen, die es m. E. verdienten, in weiterführenden Überlegungen nicht in Vergessenheit zu geraten.

- Ich nenne zuerst die gesundheitsfördernde Gestaltung des Lebens im Kindergarten als immanente pädagogische Aufgabenstellung sowie die Schaffung und Nutzung gesundheitsfördernder Verhältnisse und Bedingungen. Ich denke hier besonders an das ausgewogene Verhältnis von Stabilität und Flexibilität sowie Anspannung und Entspannung im Tages- und Wochenablauf; vielseitige Angebote und Herausforderungen für gesundheitsfördernde Bewegungsaktivitäten, gesunde Ernährung; erholsame Mittagsruhe; Konditionierung durch Sonne, Luft und Wasser, hygienische Grundforderungen nach Ruhe, Ordnung, Sauberkeit; hygienischen und pädagogischen Erfordernissen entsprechende materielle und personelle Bedingungen (Krankenschwester, Arzt, ...); Unfallschutz; Infektionsschutz; regelmäßige ärztliche Untersuchungen; staatlich kontrollierte und durchgeführte Impfungen, usw.;

- Ich nenne noch einmal das Ganzheitsprinzip allen Herangehens und Praktizierens der Kindergartenpädagogik, die immer getragen war von einer echten Zuwendung zum Kind für das Kind. Denn unbestritten ist: die DDR war immer ein kinderfreundlicher Staat. Ist das unser heutiges Staatswesen auch?

- Ich führe die Kindergarten-Ordnung an, insbesondere die letztere von 1983. Hier wurden die staatliche Verantwortung, Fürsorge, Aufsicht und Kontrolle dokumentiert; die Unentgeldlichkeit des

Kindergartensbesuches garantiert; die Gruppenstärken festgelegt, die Betreuung, Erziehung und Bildung des Kindes durch ausgebildete Fachkräfte zugesichert, der strukturelle Aufbau und das Netz der Vorschuleinrichtungen im Lande geregelt, usw.;

- Ich erwähne die Rolle der Kindergärtnerinnen als pädagogische Kraft und ihre gesellschaftliche Stellung, die Anerkennung ihrer hohen psychischen und physischen Belastung in der Arbeit mit kleinen Kindern durch entsprechende Bezahlung wie die Lehrer in der Unterstufe der Grundschule;
- Ich mache auf die vielseitige Gestaltung des Tagesablaufes aufmerksam, die, abgestimmt, stets die Ganzheitlichkeit der Zuwendung zum Kind für das Kind vom Prinzip der Gestaltung eines frohen Kinderlebens im Kindergarten, des Sich-Wohlfühlens und der Geborgenheit im Auge hatte. Es lohnt sich m.E., sich mit der Aufgabenstellung, den Zielen und Inhalten der körperlichen, geistigen, ästhetischen und sittlichen Erziehung auseinanderzusetzen. Es wurde viel erreicht hinsichtlich der Aneignung von Normen, Regeln und Verhaltensweisen, die sich z.B. ausdrückten in Hilfsbereitschaft, Solidarität, Achtung vor dem Menschen, Höflichkeit, gegenseitige Rücksichtnahme und kulturvolle und hygienische Verhaltensweisen.

Zu diesen und anderen Fragen der Erziehungs- und Bildungsarbeit sowie über die Aus- und Weiterbildung der Kindergärtnerinnen habe ich mich mit Kindergärtnerinnen, Leiterinnen, Fachberatern, Kreisreferentinnen und Wissenschaftlerinnen des Bereiches Vorschulerziehung der ehemaligen DDR in drei Veröffentlichungen umfassender geäußert[28].

Die gesellschaftliche Vorschulerziehung der DDR mit ihrer bemerkenswerten Kleinkinderziehung war ein Etikett in Europa. Vorschulgemäße Kindergarten-Tagesgestaltung war in der DDR nicht nur ein aufgesetzter Vorgang, sondern es war ein täglicher Erziehungsanspruch für alle Kinder und mit allen Kindern in der Gruppe. In der Tat, es sollte eine Menge von Substanzen für das Gestalten von Erziehung der Vorschulkinder aus der DDR-Kindergartenarbeit bewahrt bleiben:

Ich denke da u.a.

- an den handlungsorientierten pädagogischen Ansatz
- an das Tätigkeitskonzept
- an die didaktisch-methodischen Erkenntnisse bei der Führung des vorschulgemäßen Lernens als eine gute schulvorbereitende Sache
- Erinnert sei an die hervorragenden methodischen Materialien zur kunstspezifischen-, musisch-gymnastisch-rhythmischen-, sportlichen-, muttersprachlichen und kinderliterarischen Beschäftigungen
- an die Sach- und Fachgebietsinhalte des Bekanntmachens mit dem Leben, der Natur sowie der Entwicklung elementarer mathematischer Vorstellungen, Umgang mit Mengen und Vergleichen von Längen, Breiten und Höhen,- alles Sachgebietsinhalte, die speziell

für die Altersspezifik pädagogisch-didaktisch-methodisch aufbereitet wurden.

In der DDR hatte man sehr zeitig erkannt, daß das Kind ab einem bestimmten Alter bildbar ist, eine Fülle sozialer, emotionaler und kognitiver Bedürfnisse widerspiegelt, und daß es deshalb wichtig ist, dem Kinde Möglichkeiten anzubieten, nicht nur mit anderen Kindern gemeinsam zusammen zu sein, sondern sich auch sowohl individuell als auch kollektiv auszuprobieren. Allein von dieser Tatsache ausgehend, sollte man das bewährte Prinzip "Fördern durch Fordern" bewahren.

Das ist keine altersstufenmäßige Überforderung oder Über-Intellektualisierung. Es hat sich in der DDR bewährt, daß Vorschulkinder durch konkretes Herausfordern, durch konkretes Hineinstecken der Aufforderungen in das Leben, dazu geführt werden können, Dinge zu bewältigen, Dinge zu bewegen, Dinge aus sich herauszuholen, die angereizt durch primäre und sekundäre Sozialisierungsmomente ihres Lebens und pädagogischer Aufbereitung durch die Erzieherin, sich durchaus als entwicklungsfördernd erwiesen. Das verstanden und verstehen wir u.a. auch als Aufgabe des Kindergartens, auf das Leben, auf die Schule vorzubereiten.

10. Kritik der neuen Verhältnisse

Ist es etwas Erhaltens- und Bewahrenwertes, daß heute die Staatlichkeit und Weltlichkeit des Kindergartens immer mehr zurückgeht, daß der Kindergarten mehr und mehr zur Bewahrungs- und Betreuungsstätte abgleitet? Wir halten es für nicht gut, daß der Staat, das Land, die Stadt, die Gemeinde danach trachten, den Kindergarten und die ausgebildete Kindergärtnerin loszuwerden, vornehmlich aus Gründen fehlender Finanzen! Die Zugehörigkeiten und Trägerschaften entweder von Kommunen, der Wohlfahrt, des DRK, der Diakonie, von katholischen Verbänden, von Privat-Verbänden o.ä. halten wir aus vielerlei Gründen auch nicht gerade für die beste Lösung. Wir sind der Auffassung , daß es nicht richtig ist, daß der Kindergarten – soweit es sich noch um einen staatlichen handelt – der Aufsicht des Bereiches Jugendwohlfahrt/Soziales obliegt. Nicht zuletzt dadurch entsteht eine Ziellosigkeit und Konzeptionslosigkeit der pädagogischen Arbeit, es bleiben die Verunsicherungen und Irritationen. Man versucht sich jeweils, so gut wie es geht, anzupassen, um seinen Job zu erhalten, um nicht auch in die Arbeitslosigkeit verdammt zu werden.

11. Nach der Wende

Die DDR-Kindergartenpädagogik" symbolisierte den Anspruch, im Rahmen einer harmonischen Persönlich-keitsentwicklung, Kinder allseitig zu erziehen und zu bilden. Mit dem Beitritt der DDR in die BRD wurde dieser Anspruch nicht aufgegeben. Es ist bekannt, daß bereits im Januar 1990 die Abteilung Vorschulerziehung des Ministeriums für Bildung in der DDR "Thesen zur Erneuerung der pädagogischen Arbeit im Kindergarten" veröffentlichte. In der Tradition des Programms wurde hier versucht, in Form eines Rahmenprogramms, die allseitige Bildung und Erziehung mit einer Neubestimmung der Dialektik von Erziehung und Entwicklung, die das Kind besser als vorher zum Subjekt werden läßt, wieder aufzugreifen.

In diesem Zusammenhang wurden Arbeitsgruppen gebildet, die sich sowohl mit der künftigen Arbeit im Kindergarten als auch mit der künftigen Rolle der Erzieherin zu beschäftigen hatten. Ich persönlich war Sprecher der "Arbeitsgruppe Aus- und Weiterbildung der Kindergärtnerinnen". Hierzu ist zu sagen, daß wir uns auf viele erfolgreiche Erfahrungen der bis 1989 durchgeführten Aus- und Weiterbildung stützen konnten. (In einer Anlage werden die unterschiedlichsten Aus- und Weiterbildungsformen vorgestellt.)

12. Die Qualität der Aus- und Weiterbildung in der DDR

Die Kindergärtnerinnen der jetzt neuen Länder wurden an den Pädagogischen Fachschulen für Kindergärtnerinnen sehr spezifisch für die Altersgruppen der drei- bis sechsjährigen ausgebildet. Im besonderen sollen hier die Fächer Psychologie, Gesundheitserziehung sowie die didaktisch-methodische Aufbereitung der Ausbildungsinhalte aller Fächer mit ständigem direkten Praxisbezug Erwähnung finden.

- Hier gibt es Ansatzpunkte, möglichst bald diese Erfahrungen auch an den Fachschulen für sozialpädagogische Berufe in den alten Bundesländern aufzugreifen und auszuwerten.

- M. E. gilt es ebenso, schnellstens die Erfahrungen der in der DDR ausgebildeten Kindergärtnerinnen mit altershomogenen Gruppen zu sichern, "um sie für die Differenzierung innerhalb altershetorogener Gruppen nutzbar zu machen. Parallel dazu gilt es die Vorteile der Spezialisierung auch für eine breitgefächerte Grundlagenqualifikation in der heutigen ErzieherInnenausbildung zu sichern, z.B. durch Differenzierung innerhalb der Ausbildung.

- Positiv ausgewirkt hat sich auch die in der DDR staatlich festgelegte obligatorische Weiterbildung für alle Gruppenerzieherinnen und Leiterinnen im Rahmen eines langfristig angelegten Kurssystems. Auch hier gibt es eine Reihe inhaltlicher und organisatorischer Punkte, von denen man lernen könnte.

- Großer Wert wurde ebenfalls auf die Qualifikation der an den Pädagogischen Fachschulen für Kindergärtnerinnen unterrichtenden Lehrkräfte gelegt. Neben einer soliden hochschulgemäßen fachlichen Ausbildung wurde mindestens gleichwertig auch die entsprechende didaktisch-methodische Lehrbefähigung gefordert. Schwerpunkte diesbezüglich waren die Fächer Pädagogik mit den Lehrgebieten Grundlagen der Pädagogik, Vorschulpädagogik, Geschichte der Vorschulerziehung sowie die Ausbildungsdisziplin "Methodik des Bekanntmachens mit dem gesellschaftlichen Leben". Es war nicht so ohne weiteres möglich, als Fachlehrer an der Pädagogischen Schule eingestellt zu werden. Hierzu mußten eine Reihe fach- und kindergartenspezifischer Qualifikationen erworben werden. Sicher einmalig für das Bildungswesen Deutschlands ist es, daß von 1956 bis 1991 an der Pädagogischen Fakultät der Berliner Humboldt-Universität ein eigenständiger Fachbereich Vorschulerziehung und an der Pädagogischen Fachschule für Kindergärtnerinnen Halle/S. von 1956 bis 1986 ein eigenständiges Zentrales Qualifizierungszentrum mit Hochschulcharakter für die Lehrer der 18 Pädagogischen Schulen bestanden. Das Zentrale Qualifikationszentrum wurde 1986 aufgelöst und nahtlos ab 1. September 1986 als selbständiges Hochschulinstut für Aus- und Weiterbildung an der Pädagogischen Hochschule Halle/S. neu gegründet.

Während in Berlin vorwiegend Dipl.-Pädagogen ausgebildet wurden für die Leitungsebene der Kreise und Bezirke, Bereiche des Ministeriums für Volksbildung, für die Forschung an der Akademie der Pädagogischen Wissenschaft und des Zentralinstitutes für Aus- und Weiterbildung, erfolgte am Hochschulinstitut Halle die spezifische Ausbildung in einem Direkt-Zusatzstudium zum Dipl.-Pädagogen für die Fächer Pädagogik und Methodik des Bekanntmachens mit dem gesellschaftlichen Leben. In einem postgradualen Studium erfolgte – entsprechend den personellen, inhaltlichen und didaktischen Erfordernissen der Fächer – eine spezifische Qualifikation. Jeder Fachlehrer – ausgenommen der Lehrer für Marxismus-Leninismus – mußte in einem bestimmten Jahreszyklus an den Qualifizierungs- und Weiterbildungskursen teilnehmen. Die so erfolgte Aus- und Weiterbildung am IAWF in Halle erfolgte stets in enger Kooperation mit der Praxis, d.h. mit der Ausbildungspraxis an der Pädagogischen Schule und der Kindergartenpraxis. So wurde gesichert, daß Lehre und Forschung stets in enger Verbindung mit den Lehrkräften und Studenten an der Pädagogischen Schule sowie mit den Kindergärtnerinnen und den Vorschulkindern gestaltet wurde.

13. "DDR-Erziehungsmief"?

Es dürfte hier klar geworden sein, daß es sich in mancherlei Hinsicht lohnt, Erfahrungen aus der DDR-Pädagogik auszutauschen, neue Überlegungen anzustellen oder auch manches zu erhalten und zu bewahren. Wenn es allerdings nach dem Leiter des Kriminologischen Forschungs

institutes des Bundeslandes Niedersachsen, Herrn Christian Pfeiffer, ginge, dürften wir überhaupt nirgendwo über mögliche erhaltens- und bewahrenswerte Aspekte der DDR-Erziehung in Schule, Kindergarten oder Krippe sprechen. Herr Pfeiffer meint nämlich, und ich zitiere

"ein Zeichen, eine Ursache dafür, daß im Osten viele Straftaten aus der Gruppe heraus begangen werden, liege in der Art der Erziehung begründet, die in der DDR praktiziert wurde."

Ich zitiere weiter:

"In den Schulen und Kindergärten wurde auf Gruppensozialisation der Kinder, weniger auf deren individuelle Entwicklung Wert gelegt, ... Das fing schon mit den Topfzeiten in den Kinderkrippen an, wo alle Kinder gleichzeitig und auf Bestellung ihr Geschäft verrichten mußten. Die Einrichtungen bekamen sogar Auszeichnungen für Ordnung, Sauberkeit und Disziplin." Er sagt weiter *"gerade im Osten der Republik wirken sich die mißglückten Vorbilder in der Erziehung stärker aus als im Westen." "Alles in allem"*, so warnt Pfeiffer, *"ist die Gefahr kriminell zu werden, für ostdeutsche Jugendliche deutlich höher als im Westen."* Wenn man sich nicht mehr mit den jungen ostdeutschen Leuten auseinander-

setzt, prophezeit Pfeiffer, *"wird der DDR-Erziehungsmief noch bis zur Jahrtausendwende oder darüber hinaus seine Auswirkungen zeigen."*[27]

So weiß man jetzt also ganz genau, wie es um uns steht. Ich kann dazu nur sagen, Gott sei Herrn Pfeiffer gnädig.

Aber: Ballen wir nicht die Faust, sondern öffnen wir unsere Herzen und Hände für ein gemeinsames Wollen und Werden einer für das Kind und mit dem Kind nützlichen und erfolgreichen Vorschulpädagogik.

14. Anlagen – Zahlen und Ausbildung Übersicht über die Vorschulerziehung in der DDR

Ausgewählte statistische Angaben (Stand: 30.Sept. 1988)

Einrichtungen insgesamt: 13084
Plätze insgesamt: 890311
⇒ davon kommunale und betriebliche Einrichtungen: 12703 mit 872457 Plätzen
Anzahl der Gruppen: 49218
gemeldete Kinder: 757384

Anzahl der kombinierten Kindereinrichtungen: 1609 mit 244273 Plätzen

pädagogische Kräfte insgesamt: 90570
⇒ davon 60866 Kindergärtnerinnen mit vollem Fachschulabschluß
⇒ 9073 Erziehungshelferinnen mit Teilabschluß der Fachschule
⇒ 20630 Helferinnen ohne Ausbildung
⇒ davon konfessionelle Einrichtungen: 381 mit 17854 Plätzen
Anzahl der Gruppen: 1144

gemeldete Kinder: 16010
pädagogische Kräfte insgesamt: 1594
⇒ davon 1162 Kindergärtnerinnen
⇒ 266 Erziehungshelferinnen
⇒ 226 Helferinnen ohne Ausbildung

Aufgaben des Kindergartens

Der Kindergarten ist eine vollausgebaute Stufe des einheitlichen sozialistischen Bildungssystems für drei- bis sechsjährige Kinder. Alle Kinder, deren Eltern es wünschen, werden dort bis zum Eintritt in die Schule im Alter von 6;3 bis 7;3 Jahren (Stichtag ist der 31. Mai) betreut.

Grundlage für die pädagogische Arbeit ist das 1985 neu eingeführte "Programm für die Bildungs- und Erziehungsarbeit im Kindergarten". Es orientiert vor allem auf eine enge Verbindung mit dem Leben. Die bildungspolitische Aufgabenstellung des Kindergartens läßt sich zusammengefaßt wie folgt bestimmen: Er ist als eine Stätte frohen Kinderlebens zu gestalten und hat die harmonische körperliche, geistige und sprachliche Entwicklung der Vorschulkinder zu gewährleisten und zu fördern.

Ausbildung der Kindergärtnerinnen

Die dreijährige Ausbildung der Kindergärtnerinnen baut auf dem Abschluß der zehnklassigen polytechnischen Oberschule auf und erfolgt an den Pädagogischen Schulen für Kindergärtnerinnen (Fachschulen). Ausbildungsgrundlage ist der Studienplan für die Ausbildung von Kindergärtnerinnen an Pädagogischen Schulen für Kindergärtnerinnen der DDR, der am 1. 9. 1985 eingeführt wurde.

Es bestehen 18 solche Schulen mit jährlich 2300 Absolventinnen.

Die Ausbildung umfaßt folgende Inhalte:

- Grundlagen des Marxismus-Leninismus (Dialektischer und Historischer Materialismus, Politische Ökonomie, Wissenschaftlicher Kommunismus)
- Geschichte der revolutionären Arbeiterbewegung und der sozialistischen Revolution in der DDR
- Pädagogik (Grundlagen der Pädagogik, Vorschulpädagogik, Geschichte der Vorschulerziehung)
- Methodik des Bekanntmachens mit dem gesellschaftlichen Leben
- Psychologie (Allgemeine und Persönlichkeitspsychologie, Entwicklungspsychologie, Pädagogische Psychologie)
- Entwicklungsphysiologie/Gesundheitserziehung
- Deutsche Sprache und Methodik der muttersprachlichen Bildung und Erziehung
- Literatur und Methodik der literarischen Bildung und Erziehung
- Sprecherziehung
- Musikerziehung und Methodik
- Kunsterziehung und Methodik
- Sport und Methodik
- Methodik des Bekanntmachens mit der Natur
- Methodik des Bekanntmachens mit ausgewählten mathematischen Inhalten
- Russisch

- Technik der Arbeit mit audiovisuellen Unterrichtsmitteln
- praktische Ausbildung (20wöchige Praktikum, Hospitationspraktikum in Krippe und Klasse 1)

Zur staatlichen Abschlußprüfung gehören die schriftliche Hausarbeit, die mündliche Prüfung in theoretischen Fächern und die praktische Prüfung im Kindergarten.

Die Weiterbildung erfolgt nach einem zentral vorgegebenen Planzyklus über Bezirksreferentin, Kreisreferentin, Kindergartenleiterin.

Nach Delegierung besteht die Möglichkeit der Qualifizierung zum Diplompädagogen (Humboldt-Uni Berlin; Institut für Aus- und Weiterbildung von Fachschullehrern an der Pädagogischen Hochschule Halle/S.)

Kindergartenleiterinnen werden im Prozeß der Arbeit herangebildet.

Entwicklungstendenzen

- Die Weiterentwicklung des Kindergartens ist gedacht vor allem in folgende Richtungen:
- Erhöhung der Qualität der pädagogischen Arbeit durch vertieftes Programmverständnis
- stärkere Orientierung auf die Herausbildung der Individualität des Kindes
- Profilierung der Ausbildung
- Erhöhung der Effizienz durch weitere wissenschaftliche Fundierung
- inhaltliche Anreicherung (Fachberatereinsatz, spezielle Tätigkeiten)
- weitere Ausprägung der Eigenständigkeit und Spezifik der Stufe und des Charakters als Sozialisationinstanz der Kinder

Anmerkungen:

[1] Neben Prof. Dr. Huppertz, PH-Freiberg/Br., halfen u.a. am Hochschul-Institut in Halle im Zeitraum November 1989-1992 die Professoren Höltershinken, Uni Dortmund, und Retter, Uni Braunschweig, leitende Angestellte der Landesregierung NRW, u.a. Frau Erna Moskal, und des Sozialpädagogischen Institutes Köln. Sie unterstützten und bereicherten vor allem den Studiengang zur Ausbildung von Dipl.-Sozialpädagogen für die "neuen" Fachschulen für Sozialpädagogische Berufe.

[2] Die hier vorgenommenen Ausführungen wurden im wesentlichen einem unveröffentlichen Vortrag von Frau Prof. Dr. Christine Lost, Berlin, Juni 1990, entlehnt.

[3] Vgl. Gesetz zur Demokratisierung der deutschen Schule, Mai/Juni 1946. In: Dokumente zur Geschichte des Schulwesens in der Deutschen Demokratischen Republik. Teil 1: 1945-1955. Volk und Wissen Volkseigener Verlag, Berlin 1970, S. 208. Monumenta Paedagogica Bd. VI

[4] Vgl. Dokumente... Teil 1. A.a.O., S. 220 und S. 234

[5] Die Grundsätze der Erziehung im deutschen Kindergarten. Herausgegeben von der Deutschen Verwaltung für Volksbildung. Vom Frühjahr 1948. In: Dokumente... A.a.O., S.272.

[6] Ebenda.

[7] Vgl. Autorenkollektiv unter Leitung von Karl-Heinz Günther und Gottfried Uhlig: Zur Entwicklung des Volksbildungswesens auf dem Gebiet der Deutschen Demokratischen Republik 1946-1949. Volk und Wissen Volkseigener Verlag, Berlin 1968, S. 100. Monumenta Paedagogica Bd. III

[8] Vgl. dazu Christine Lost: Zur Entwicklung der Vorschulerziehung, insbesondere des Kindergartens, in den sechziger Jahren. Berlin 1987 (Manuskript).

[9] Zunächst unter dem Titel "Sozialpädagogik", ab Heft 2/1948 "Die Kindergärtnerin", ab erste Hälfte der fünfziger Jahre "Neue Erziehung im Kindergarten"

[10] Vgl. Autorenkollektiv... A.a.O., S. 103.

[11] Auch in der ersten Hälfte der sechziger Jahre wird diese Vorgehensweise sichtbar. So wurden im Volk und Wissen Verlag zwischen 1960 und 1963 sieben Titel veröffentlicht – Übersetzungen aus dem Russischen – , die sich mit Problemen der Vorschulerziehung befaßten. Hauptthemen waren Spiel/ Arbeit und Unterricht im Kindergarten. Allein drei Titel waren Fragen der Unterrichtung im Kindergarten gewidmet und sollten Erfahrungen zur Schulvorbereitung vermitteln. Kaum oder nicht wurde das spätere Einschulungsalter in der Sowjetunion berücksichtigt. (Vgl. Christine Lost: Zur Entwicklung..., A.a.O, S. 9).

[12] Vgl. Christine Lost: Zur Diskussion von Fragen der Einheitlichkeit und Differenzierung grundlegender Allgemeinbildung Mitte der fünfziger in der DDR. Berlin 1990. Manuskript erscheint in der Wissenschaftlichen Zeitschrift der Universität Rostock).

[13] Vgl. Autorenkollektiv... A.a.O., S. 103.

[14] Vgl. ebenda, S. 104.

[15] Vgl. u.a. vergleichende Untersuchung über den Einfluß des Kindergartensbesuches auf die schulischen Leistungen und die Beitragszensuren der Kinder am Ende des 1. Schuljahres. DPZI, August 1957. In: Arbeitsarchiv Prof. Dr. Günther, APW, Mappe 1957/III.

[16] Vgl. Christine Lost: Zur Entwicklung... A.a.O., S. 12f., 19ff.

[17] Antwort auf einige Fragen zur Konferenz der Vorschulerziehung. In: "Neue Erziehung im Kindergarten", Heft 17/1956, S.2

[18] Vgl. Friedrich Wilhelm August Fröbel: "Kommt, laßt uns unsern Kindern leben!" Aus dem pädagogischen Werk eines Menschenerziehers. Eingel., ausgew. und erl. von Rosemarie Boldt, Erika Knechtel und Helmut König. Volk und Wissen Volkseigener Verlag, Berlin 1982, Bd. I, Einleitung S. 64 ff.; vgl. auch Karl-Heinz Günther: Das progressive Erbe im pädagogischen Werk Friedrich Fröbels. In: Friedrich Wilhelm August Fröbel 1782-1852. APW der DDR, Berlin 1978, S. 21.

[19] Vgl. dazu Friedrich Wilhelm August Fröbel: "Kommt..." A.a.O., S. 61

[20] Vgl. dazu insbesondere die Veranstaltungen zur Fröbel-Ehrung 1978 und 1982

[21] Passage aus einem der Beiträge zur Traditionspflege in: Friedrich Wilhelm August Fröbel 1782 - 1852. APW der DDR. A.a.O., S. 97.

[22] Vgl. W. Lange: Fröbels Pädagogik des Kindergartens, Berlin 1974

[23] Vgl. Erika Hoffmann, in: Kaiser/Dubaid (Hrsg.): Deutsche Pädagoginnen der Gegenwart, Köln, Wien, 1986, S. 59ff.

[24] Prof Dr. Dieter Kirchhofer war 1. Vizepräsident der Akademie der Pädagogischen Wissenschaften (APW) der DDR. Er war verantwortlich für den Bereich Vorschulerziehung an der APW, für die Forschung u.a.m.

[25] S.W.Rubinstein: "Sein und Bewußtsein", Akademie-Verlag Berlin 1966, S.283

[26] Franz Rudolph, in: "Kindergarten und Pädagogik, Grundlagentexte zur deutsch-deutschen Bestandsaufnahme", hrsg.: von Wilma Großmann: "Spielpädagogik im Umbruch – Zur Situation des Spiels in den Kindergärten der neuen Bundesländer (1991)", S. 296-307;

Franz Rudolph, in: "Kinderspiel und Kindheit in Ost und West", Hein Retter (Hrsg.), Verlag Julius Klinkhardt, Bad Heilbrunn 1991, S. 171-182;

Franz Rudolph, in: Dokumentation des Sozialpädagogischen Institutes für Kleinkind- und außerschulische Erziehung des Landes NRW, Köln, "erstes interdisziplinäres Fachgespräch zur Erziehung, Thema: Kindergarten von 2.-5. Mai 1990 in Köln, "Standpunkte und Ergebnisse der Arbeitsgruppe "Ausbildung von Kindergärtnerinnen";

Franz Rudolph, in: "Freundschaft"-"die Volksbildung der DDR in auserwählten Kapiteln – eine Publikation des Minist. f. Bildung, Jugend und Sport des Landes Brandenburg", Basis-Druckverlag GmbH, Berlin 1996, 1. Auflage, "Zur Festlegung der Erziehungs- und Bildungsinhalte des Kindergartens und der Pädagogischen Fachschulen für Kigä in der DDR", S. 457-464

[27] Mitteldeutsche Zeitung, "MZ", Mittwoch 12. Februar 1997, Blatt 3

Uwe Tolksdorf:

Situationsansatz – Was heißt das wirklich und welche Vorteile bietet er?

Uwe Tolksdorf:

Situationsansatz – Was heißt das wirklich und welche Vorteile bietet er?

1. Vorbemerkungen und Übersicht

Zu Beginn meiner Ausführungen ein paar kurze Sätze zur eigenen Standortbestimmung: Der Autor versteht sich hier nicht als ein Vertreter des Situationsansatzes. In meiner nun über zwei Jahrzehnte währenden Beschäftigung mit vorschulischer Theorie und Praxis hat mein Verhältnis zum Situationsansatz durchaus verschiedene Stadien der Nähe und Distanz durchlaufen. Der Status quo läßt sich am besten mit dem Begriff der "kritisch-konstruktiven Distanz" umschreiben. Ich sehe eine Reihe von Verdiensten und Vorteilen dieses Ansatzes, sehe aber auch einige Punkte sehr kritisch, sowohl was das theoretische Fundament als auch was die praktische Arbeit anbelangt.

Der Situationsansatz ist – wie alle kulturellen Phänomene – ein Kind seiner Zeit. Er hat seine Verdienste, er bringt aber auch eine Reihe von Problemen und Ungeklärtheiten mit sich, die heute, 25 Jahre nach seiner Entstehung, vielleicht deutlicher zu Tage treten als früher. Vor diesem Hintergrund möchte ich die nachfolgenden Äußerungen verstanden wissen.

Der Beitrag gliedert sich in sechs Abschnitte:

(1) Zunächst soll es darum gehen, begrifflich und inhaltlich zu klären, was in diesem Zusammenhang unter "Situationsansatz" zu verstehen ist.

(2) Eine historische Rückschau führt uns dann in die Entstehungszeit dieses didaktischen Modells und arbeitet einige Wurzeln des Ansatzes heraus.

(3) Der Frage nach dem Menschenbild und den postulierten und impliziten Erziehungszielen soll im dritten Abschnitt nachgegangen werden.

(4) Wie soll man ganz konkret im Kindergarten bzw. in Tageseinrichtungen für Kinder arbeiten, wenn man nach dem Situationsansatz vorgehen möchte? Dieser Frage wird im vierten Abschnitt nachgegangen.

(5) Wie sieht die Kindergartenpraxis wirklich aus? Nachdem wir uns in den vorangehenden Abschnitten mit den konzeptionellen Aspekten des Situationsansatzes befaßt haben, soll hier nun auch anhand einiger empirischer Befunde ein Blick auf die tatsächlich praktizierte Arbeit des Kindergartens geworfen werden.

(6) Schließlich wird es im letzten Abschnitt zusammenfassend um die Vorteile und Verdienste aber auch um die Probleme dieses Ansatzes gehen.

2. Was ist mit "Situationsansatz" gemeint? Versuch einer begrifflichen und inhaltlichen Klärung

Wenn es bei vorschulpädagogischen Diskussionen um verschiedene didaktische Vorgehensweisen geht, wird neben den älteren Modellen, Funktionsansatz und wissenschaftsorientierter Ansatz, immer auch und an bevorzugter Stelle der Situationsansatz genannt. Auch im Lehrplan für die Ausbildung der Erzieherinnen in Baden-Württemberg wird der situationsorientierte Ansatz an erster Stelle genannt (vgl. z. B. Bildungsplan für das Berufskolleg, Fachschule für Sozialpädagogik, S. 126). Man erweckt dabei den Anschein, es handele sich bei diesen "Ansätzen" um relativ systematische und geschlossene Praxistheorien für die didaktische Arbeit im Kindergarten. Zumindest für den Situationsansatz trifft dies so nicht zu. Weder kann man eine einheitliche Begrifflichkeit finden, z. T. ist von "Situationsorientiertheit" (Zimmer 1973, S. 33), von "situationsbezogenem" (vgl. MAGS Arbeitshilfen, 2. Aufl. 1986, S. 2) Planen und Arbeiten oder gar von einer "situativen" Pädagogik (vgl. Becker-Textor, 1994, S. 85f) die Rede, wenn es um dieses Konzept geht, noch gibt es eine theoretisch fundierte und systematische Aufarbeitung der Genese dieses Ansatzes. Schließlich ist auch ein deutliches Forschungsdefizit im Bezug auf die Evaluation des Konzeptes in der Praxis zu beklagen. Bisherige Forschungsprojekte befaßten sich in den vergangenen 25 Jahren mit der Frage, wie man durch Praxisberatung und Fortbildung den Situationsansatz bei Erzieherinnen einführen und verbreiten kann. Inwieweit sich dieses Planungskonzept tatsächlich im pädagogischen Alltag der Tageseinrichtungen für Kinder durchgesetzt hat, ist bislang weitgehend unerforscht geblieben. Aus unserer eigenen Forschung an der

Pädagogischen Hochschule Freiburg unter der Leitung von Prof. Huppertz möchte ich dazu im fünften Abschnitt meines Beitrages kurz einige empirische Befunde darstellen.

Bei einem Vergleich der vorschulpädagogischen bzw. didaktischen Modelle gilt es – bei allen Schwierigkeiten – das Proprium des jeweiligen Ansatzes herauszuarbeiten: Für die Konzeptionen, die man unter dem Oberbegriff "Situationsansatz" fassen kann, gilt als gemeinsamer Nenner der Bezug zu den Lebenssituationen der Kinder. Diese Lebenssituationen bilden den Dreh- und Angelpunkt der didaktischen Analyse. Es geht dabei um diejenigen Erfahrungen, die die Kinder in ihrem Alltag machen, insbesondere um problematische Erfahrungen. Beziehe ich mich auf die Ausgangstheorie des Situationsansatzes, wie sie Anfang der siebziger Jahre vom Deutschen-Jugend-Institut (DJI) in München unter maßgeblicher Beteiligung von J. Zimmer entwickelt wurde, dann sind es vor allem die problematischen, schwierigen Situationen, in denen die Kinder in hohem Maße fremdbestimmt sind, die von den Erzieherinnen aufgegriffen werden sollen:

> *"Wichtig sind solche Lebenssituationen, in denen eine starke Fremdbestimmung der Kinder vorherrscht, in denen aber zugleich die begründete Chance besteht, diese Fremdbestimmung abzubauen..." (Arbeitsgruppe Vorschulerziehung 1973, S. 34f).*

Und noch einmal J. Zimmer:

"Es geht im Situationsansatz um das Aufspüren von ungeraden Verhältnissen, von unperfekten Situationen... Es geht darum, die Verhältnisse ... zu gestalten" (Zimmer in: klein & groß, 4, 1994, S. 8).

Was soll nun in und mit diesen Situationen im Kindergarten geschehen? Es ist Aufgabe der Erzieherin, die Kinder dafür zu qualifizieren, gegenwärtig und zukünftig in diesen Situationen "autonom" und "kompetent" handeln zu können. Die Erzieherin steht jedoch nicht alleine. Die Analyse der konkreten Alltagswirklichkeit, in der die Kinder leben, geschieht im Diskurs mit allen an der Situation Beteiligten, also im "Diskurs" mit den Kindern, mit den Eltern und mit anderen beteiligten Erwachsenen im Lebensumfeld. Aus diesem "Diskurs" werden Curriculumelemente gewonnen, die dann in Form von Projekten mit den Kindern bearbeitet werden. – So wollen es die genannten Situationstheoretiker.

Zusammengefaßt lassen sich die wesentlichen Elemente des Situationsansatzes, wie er ursprünglich vom DJI entworfen wurde, wie folgt benennen:

- unperfekte, problematische Lebenssituationen der Kinder als Ausgangspunkt
- die Analyse dieser Lebenssituationen im Diskurs aller Beteiligten

- Curriculumelemente im Sinne von didaktischen Einheiten oder Projekten in denen die Kinder die notwendigen Qualifikationen erwerben
- Beteiligung von Eltern und anderen Erwachsenen im Sinne einer Öffnung des Kindergartens.

Hinzu kann ein weiteres Element treten: die sogenannte didaktische Schleife. Stellen sich im Verlauf eines Projektes Erfahrungsrückstände oder Kompetenzmängel der Kinder heraus, können diese Defizite von den Kindern in der Form eines Kurses ausgeglichen werden. Das Prinzip der "didaktischen Schleife" wurde später aufgegeben, weil man dabei eine Verschulung der Kindergartenarbeit befürchtete.

Schon in den frühen Schriften des DJI wurde der Primat des sozialen Lernens vor dem Erwerb von instrumentellen Fähigkeiten und Fertigkeiten postuliert. Anders als beim herkömmlichen, etwa schulischen Lernen, darf es im Situationsansatz nicht darum gehen, isolierte Sachkompetenz ohne den Bezug zum sozialen Leben zu vermitteln. Vielmehr solle der Erwerb von instrumentellen Fertigkeiten in konkreten sozialen Zusammenhängen geschehen. Sachkompetenz soll – folgt man diesem Konzept – immer bezogen sein auf einen sozialen, d. h. letztlich gesellschaftlichen Zusammenhang.

Für das soziale Lernen ist auch die altersgemischte Gruppe bedeutsam. Sie bietet den Kindern vielfältige Möglichkeiten, sich in verschiedenen Rollen und Beziehungen zu erfahren und zu erproben. Eine altershomogene Förderung, d.h. z.B. die Herausnahme der zukünftigen Schulkinder zur Sonderförderung, wird abgelehnt.

"In meinem Kindergarten möchte ich auch mal nichts tun und – wenigstens kurz – schlafen, und zwar auf meinem ganz privaten Kuscheltier."

3. Zur Geschichte des Situationsansatzes

In diesem Abschnitt soll in der hier gebotenen Kürze der Situationsansatz in seiner historischen Genese dargestellt und in den bildungspolitischen Zusammenhang gestellt werden. Wir fragen hier also nach den historischen Voraussetzungen und Wurzeln des Situationsansatzes.

Beginnen wir mit der Zeit nach dem zweiten Weltkrieg. Nachdem Deutschland den Krieg verloren hatte, standen zunächst die existentiellen und materiellen Bedürfnisse der Menschen im Vordergrund. In der Pädagogik knüpfte man im wesentlichen an die Zeit vor 1933 an, wobei sich sehr bald Unterschiede in den vier Besatzungszonen zeigten. Auch im Bereich Kindergarten stand zunächst der Wiederaufbau der Gebäude und die Wiederinbetriebnahme der Einrichtungen an erster Stelle der Bemühungen. Während in der sowjetisch besetzten Zone im Zusammenhang mit dem Entwurf von neuen Schulgesetzen auch der Kindergarten in das Schulwesen integriert werden sollte und dies dann auch nach 1949 in der DDR erfolgte, knüpfte man in der Bundesrepublik an die Traditionen der Weimarer Republik an, und zwar sowohl was die Struktur des Kindergartenwesens als auch was die pädagogische Konzeption der Kindergartenarbeit anbelangte. Die Verantwortung für den Bildungsbereich wurde den einzelnen Bundesländern zugewiesen, und die Betonung des Subsidiaritätsprinzips in der Jugendhilfe führte zu einem Wiederaufbau der Freien Wohlfahrtsverbände, die nach und nach die Trägerschaft der Kindergärten wieder übernahmen. Auch die pädagogische Arbeit in den Kindergärten orientierte sich am Stand der 20er Jahre. Vor allem die Pädagogik Fröbels mit ihrer Betonung des Spiels und der Spielpflege sowie Erkenntnisse der psychologischen Reifetheorie, die vom Grundprinzip einer durch interne Schritte gesteuerten Entwicklung ausging, waren maßgebend. Die Verbindung der Fröbelschen Spieltheorie mit der Reifetheorie führte zu einer Kindergartenpädagogik, die einerseits als "Schonraumpädagogik" charakterisiert werden kann, andererseits aber in der Betonung von Disziplin und Ordnung noch sehr den überkommenen autoritären Strukturen verpflichtet war. Insgesamt fand der Kindergarten aus gesellschaftlicher Sicht bis Mitte der 60er Jahre hinein nur eine geringe Beachtung.

Neuansätze in der Kindergartenpädagogik erfolgten erst um 1965. Drei globale, gesellschaftliche und wissenschaftliche Entwicklungen beeinflußten nachhaltig die Weiterentwicklung des Kindergartens in der Bundesrepublik: Der Sputnikschock, der technische Fortschritt, der den wirtschaftlichen Aufschwung in den westlichen Ländern ermöglichte, und neuere wissenschaftliche Erkenntnisse der Entwicklungspsychologie und der Intelligenzforschung. Die Folge dieser drei Entwicklungen war die Mobilisierung der bisher vernachlässigten Bildungsressourcen.

Der technische Fortschritt und der z. T. damit verbundene wirtschaftliche Aufschwung führte in der Bundesrepublik Deutschland zu einem vermehrten Bedarf an qualifizierten Arbeitskräften. Zur Bedienung immer komplizierter werdender Maschinenautomaten und im stark anwachsenden Dienstleistungsgewerbe war nun nicht mehr die körperliche Kraft und Leistungsfähigkeit des Arbeiters notwendig, sondern Lernfähigkeit und flexible Anpassung an komplexe und sich ständig verändernde Arbeits- und Produktionsabläufe. Kommunikative und kooperative Fähigkeiten sowie die Fähigkeit, sich auf eine weitgehend durch Technik und Wissenschaft bestimmte Arbeits- und Lebenswelt einzustellen, waren angesichts dieser Entwicklung gefragt. Die tradierten Lern- und Bildungsinhalte, wie sie in den Lehrplänen der allgemeinbildenden und beruflichen Schulen festgeschrieben waren, schienen nicht mehr geeignet, Kinder und Jugendliche auf diese Lebenswelt genügend vorzubereiten. So kam es 1964 zur Ausrufung der sog. "Bildungskatastrophe" durch Picht (Picht, G. in: Christ und Welt 17/64, S. 3f). Diese bildungspolitische Diskussion blieb nicht ohne konkrete politische Konsequenzen. Bund und Länder verständigten sich 1965 auf die Schaffung eines gemeinsamen Gremiums: Der Deutsche Bildungsrat war geboren. Der Rat bestand aus zwei Gremien: Es war die Bildungskommission und die Regierungskommission.

Die Bildungskommission, zusammengesetzt aus Sachverständigen und Vertretern der Öffentlichkeit, hatte die Aufgabe:

"1. Bedarfs- und Entwicklungspläne für das deutsche Bildungswesen zu entwerfen, die den Erfordernissen des kulturellen, wirtschaftlichen und sozialen Lebens entsprechen und den zukünftigen Bedarf an ausgebildeten Menschen berücksichtigen.

2. Vorschläge für die Struktur des Bildungswesens zu machen und den Finanzbedarf zu berechnen.

3. Empfehlungen für eine langfristige Planung auf den verschiedenen Stufen des Bildungswesens auszusprechen" (Becker, 1971, S. 62).

Die Arbeit und die Empfehlungen dieses Gremiums hatten für die Entwicklung des Kindergartens in der Bundesrepublik entscheidenden Einfluß. Es war dieses Gremium, das aufgrund der von ihm in Auftrag gegebenen Gutachten im “Strukturplan für das Bildungswesen” die Notwendigkeit des "frühen Lernens" zur Herstellung von Chancengleichheit betonte und konsequenterweise den Ausbau der vorschulischen Bildung forderte. Der Strukturplan akzentuiert in besonderer Weise den kompensatorischen Bildungsauftrag des Kindergartens. Der Erziehungs- und Bildungsauftrag des Kindergartens war damit anerkannt und festgeschrieben worden, und der Kindergarten wurde als Elementarstufe zu einem konstitutiven Bestandteil des deutschen Bildungswesens.

In ihren Empfehlungen stellt die Bildungskommission fest, daß im Rahmen der Neuordnung des gesamten Bildungswesens auch eine Reform des Kindergartens zu erfolgen hat. Neben dem Ausbau der vorschulischen Erziehung der Drei- und Vierjährigen sah der Strukturplan noch weitere Reformen vor, die den Elementarbereich betrafen: Die Einschulung der Fünfjährigen. Man war aufgrund der Gutachten in der Kommission zu der Überzeugung gekommen, daß die Förderung der Fünfjährigen am geeignetsten in einer noch zu schaffenden Eingangsstufe der Grundschule geleistet werden könne. Bis dahin galt es als tradierter Modus, die Schulpflicht erst ab dem vollendeten sechsten Lebensjahr beginnen zu lassen. Der Kindergarten war diejenige Institution, in der die Drei- bis Sechsjährigen betreut wurden. Dies sollte sich nach den Vorschlägen der Bildungskommission nun ändern. Auch in ihren Empfehlungen "Zur Einrichtung eines Modellprogramms für Curriculum-Entwicklung im Elementarbereich" von 1973 hält die Bildungskommission daran fest, die schulische Bildungspflicht mit der Vollendung des fünften Lebensjahres beginnen zu lassen. Da man allerdings davon ausging, daß es einer Übergangszeit von ca. 15 Jahren bedürfen würde, bis die Bedingungen für die Aufnahme aller Fünfjährigen in die Eingangsstufe geschaffen seien, sollten sich die Modellversuche auch ausdrücklich auf die Möglichkeiten der Förderung der Fünfjährigen im Kindergarten beziehen.

Schon die "Empfehlungen des Deutschen Bildungsrates zur Einrichtung von Modellprogrammen" sprachen sich ganz eindeutig für ein situationsorientiertes Konzept aus.

> *"Im Modellprogramm werden Spiel- und Lernangebote für drei- bis fünfjährige Kinder gemeinsam durch Erzieher und Wissenschaftler am Ort der Praxis, im Kindergarten, entwickelt. Die praxisnahe Entwicklungsarbeit geht von den Situationen der Kinder aus, von ihren Lernvoraussetzungen, -bedürfnissen, -möglichkeiten und von ihren Lebensbedingungen." (Deutscher Bildungsrat 1973, S. 23)*

Ausdrücklich wird hier der Situationsbezug, d. h. die inhaltliche Orientierung der zu entwickelnden Curricula an den Lebensbedingungen sowie an den anthropogenen Voraussetzungen der Kinder, als allgemeine Projektziele formuliert.

"Die Bildungskommission schlägt vor, bei der Entwicklungsarbeit von den realen Lebenssituationen der Kinder auszugehen und durch gezielte Förderung die Kinder instand zu setzten, ihre Lebenssituationen zu beeinflussen und zunehmend selbständiger zu bewältigen; zugleich sollen die Kinder befähigt werden, sachliche Probleme soweit als möglich gemeinsam zu lösen und soziale Konflikte zu verstehen, zu meistern oder zu ertragen." (a.a.O., S. 23)

Andere didaktische Modelle der Vorschulerziehung, wie z.B. funktions- oder disziplinorientierte Ansätze, wurden abgelehnt. Herausgestellt werden statt dessen die Lebensbedingungen der Kinder sowie deren aktuelle Interessen und Bedürfnisse als Bezugspunkte für die Planung von Spiel- und Lernangeboten im Sinne von curricularen bzw. didaktischen Einheiten.

Im "Strukturplan" und in der Konzeption des Modellprogramms für den Elementarbereich lassen sich einige Einflüsse erkennen, die auf die Arbeiten Saul B. Robinsohns und des Instituts für Bildungsforschung der Max-Planck-Gesellschaft in Berlin zurückgehen. Dies drückt sich nicht nur in der Begriffswahl – der herkömmliche Lehrplan wird zum Curriculum –, sondern auch in der Struktur der Curricula aus. Die Bezugnahme auf die Lebenssituation der Kinder und die dort zum selbständigen Handeln notwendigen Qualifikationen sind die Kennzeichen des von Robinsohn entwickelten Verfahrens der Curriculumrevision (vgl. Robinsohn 1971).

Die von den einzelnen Bundesländern durchzuführenden Modellversuche hatten nun zwei Fragen zu klären:

Erstens: In welcher Einrichtung, im Kindergarten oder in der Eingangsstufe der Schule, werden die Fünfjährigen am besten gefördert?

Zweitens: Welches Curriculum ist für die Erziehung und Bildung der Kinder im Kindergarten am ehesten geeignet?

Die erste Frage – wohin mit den Fünfjährigen? – wurde eindeutig entschieden: Man sprach sich nach Abschluß der Modellversuche dafür aus, daß die Fünfjährigen im Kindergarten verbleiben sollten. Allerdings unter der Voraussetzung einer verbesserten und wissenschaftlich fundierten Bildungsförderung. Im Rahmen von Erprobungsprogrammen sollten nun geeignete Curricula für die Erziehungs- und Bildungsarbeit entwickelt werden. In den Erprobungsprogrammen gab es drei curriculare Entwürfe – Curriculum ist hier als offenes Curriculum gemeint –, nämlich das Curriculum "Elementare Sozialerziehung" in Niedersachsen, das Curriculum "Soziales Lernen" in Hessen und Rheinland-Pfalz sowie die didaktischen Einheiten "Kindheit in Berlin". Alle verstehen sich ausdrücklich als situationsorientiert. Das vierte Programm, der in Nordrhein-Westfalen entwickelte Ansatz, in den "Arbeitshilfen zur Planung der Arbeit im Kindergarten" niedergeschrieben, spricht von "situationsbezogenem" Arbeiten und stellt ein sehr offenes, nicht curriculares Konzept dar.

Die Erprobungsprogramme dauerten von 1975 bis 1978. Anfang der achtziger Jahre wurden die jeweils revidierten Fassungen der Curricula vorgelegt. Wir haben mit diesen Konzeptionen gleichsam die vier "Ur-Situationsansätze" vorliegen. Bemerkenswert ist, daß lediglich das vom DJI entwickelte Curriculum "Soziales Lernen" eine Weiterführung bis in unsere Tage hinein erfuhr. Die "Arbeitshilfen" wurden zwar um einige Erfahrungsberichte und Praxisbeispiele ergänzt, blieben aber in ihren wesentlichen Teilen unverändert. Die Literatur zu den didaktischen Einheiten "Kindheit in Berlin" und zum Curriculum "Elementare Sozialerziehung" ist längst vergriffen und nur noch in den Bibliotheken einzusehen.

Von seiten des DJI gab es zwei Weiterführungen des Situationsansatzes: Das Projekt "Landkindergärten", in Zusammenarbeit mit mehreren Bundesländern und dem Deutschen Caritas-Verband, und die Veröffentlichung "Soziales Lernen im Kindergarten". Das Projekt "Landkindergärten" befaßt sich mit den Besonderheiten der Kindergärten auf dem Land und zeigt dabei in Praxisbeispielen, wie unter den speziellen Bedingungen der Landkindergärten situationsorientiert gearbeitet werden kann. Das Praxisbuch "Soziales Lernen im Kindergarten" trat an die Stelle des umfangreichen Curriculums "Soziales Lernen".

Neben diesen "Hauptwerken" gibt es eine Reihe weiterer Veröffentlichungen, die sich mit dem Situationsansatz befassen. Besonders erwähnenswert scheinen mir die Veröffentlichungen des Comenius-Instituts zur religionspädagogischen Arbeit nach dem Situationsansatz in den siebziger Jahren. Hier wird versucht – ausgehend von einer existentiellen Auslegung der menschlichen Situation, wie sie in der evangelischen Theologie gegeben wird – die Dimensionen der situations-orientierten religionspädagogischen Arbeit im Kindergarten zu bestimmen. Situationsanalyse und Diskurs geschehen hier also explizit vor dem Hintergrund der evangelischen Theologie (vgl. Comenius-Institut Münster (Hrsg.), 1976).

Einer Reihe weiterer Veröffentlichungen zum Situationsansatz in den neunziger Jahren ist gemeinsam, daß sie sich auf Einzelerfahrungen oder auf die Erfahrungen einiger weniger Einrichtungen beziehen und diese kommentierend veröffentlichen. Krenz stellt z. B. ein solches Konzept vor dem Hintergrund seiner Erfahrungen als Fortbildungsreferent und Berater vor.

Übersicht: Zur Entwicklung situationsorientierter Materialien für den Kindergarten in der Bundesrepublik Deutschland

weltpolitische	wirtschaftliche IMPULSE	wissenschaftliche
↓	↓	↓
geopolitische Entwicklung nach 1945 "Kalter Krieg" Konkurrenz der Machtblöcke auf wirtschaftlichem Gebiet "Sputnik-Schock"(1957)	wirtschaftliche Entwicklung "Wirtschaftswunder"	internationale Bildungs- und Begabungsforschung Bedeutung des Lernens in den frühen Jahren (u.a. Bloom 1964) Kompensatorische Erziehung "Operation Headstart" (1965)
↓	↓	↓

Stichworte zur bildungspolitischen Entwicklung in der BRD

"Bildungskatastrophe" (Picht 1964)
Bildung des Dt. Bildungsrates (1966) mit den beiden Gremien: Bildungskommission u. Regierungskommission
Strukturplan für das Bildungswesen (1970)
Modellversuche Kindergarten-Vorschule (ab 1970)

Erprobungsprogramme für Materialien im Kindergarten (1975-78)

↓

- Curriculum "Elementare Sozialerzieh-ung" in Niedersachsen
  ↓
  Revision des Curr. "Elementare Sozialerzieh-ung" (1980/81)
- Curriculum "Soziales Lernen" in Hessen und Rheinland-Pfalz (DJI)
  ↓
  Revision des Curr. "Soziales Lernen" (1980-81)
  ↓
  Projekt "Landkindergärten" (1988-92) DJI
  ↓
  Praxisbuch "Soziales Lernen im Kindergarten" (1991) DJI
- Materialien für die päd. Arbeit im Kindergarten in Berlin
  ↓
  Didaktische Einheiten "Kindheit in Berlin (1980)
- Arbeitshilfen zur Planung der Arbeit im Kindergarten in Nordrhein-Westfalen
  ↓
  Weiterführung u. Ergänzung der "Arbeitshilfen...."

4. Zum Menschenbild und zu den Erziehungs- und Bildungszielen des Situationsansatzes

Die Frage nach dem Menschenbild eines didaktischen Ansatzes zu stellen ist delikat, denn überall dort, wo sich die Autoren nicht selbst explizit auf Weltanschauungen oder Wertorientierungen beziehen, ist man darauf angewiesen, die implizit vorhandenen Orientierungen herauszuarbeiten und aus diesen "Mosaiksteinchen" ein Gesamtbild zu erstellen und zu interpretieren. Daß dabei auch das Wertegefüge und Erkenntnisinteresse des jeweiligen Interpreten eine gewisse Rolle spielt, sei hier nur am Rande erwähnt. Bezogen auf die frühen Quellen des Situationsansatzes, wie er im Umkreis des Deutschen-Jugend-Instituts entwickelt wurde, möchte ich hier zwei "Mosaiksteinchen" anführen: Paulo Freires Theorie der politischen Freiheitsbewegung in der Dritten Welt und die Diskurstheorie, wie sie in der Kritischen Theorie entwickelt wurde und u. a. im Situationsansatz wieder auftaucht.

Zimmer bezieht sich in der theoretischen Fundierung direkt auf die Position Freires, der die Befreiung der unterdrückten Menschen in der Dritten Welt forderte und dazu als Mittel und Weg die "Bewußtseinsweckung" (conscientizacao) propagiert. Bewußtseinsweckung geschieht nach Freire in zwei eng miteinander verknüpften Schritten: Zum einen durch das Aufdecken und Begreifen von sozialen, politischen und wirtschaftlichen Widersprüchen, zum anderen durch die Entwicklung geeigneter Maßnahmen zur Aufhebung eben dieser Widersprüche und Herstellung weitgehender Autonomie. Dieses Konzept zeigte sich als sehr wirkungsvoll bei der Alphabetisierungskampagne

z. B. in Brasilien. Es förderte dort auch die politische Selbstverwaltung und die Selbstvermarktung landwirtschaftlicher Produkte durch die Erzeuger (vgl. Zimmer 1973, S. 15ff und Freire 1972). Die Bewußtwerdung wird als Lernvorgang gesehen, der nur im direkten Kontakt mit den jeweils konkreten gesellschaftlichen Handlungsfeldern geschehen kann. Nur wer seine eigene Situation und deren gesellschaftliche und politische Hintergründe erkennt, ist motiviert und in der Lage, daran etwas zu ändern.

Gesellschaftliches und politisches Handeln, sei es in der Dritten Welt oder in einem Gemeinwesen im Umfeld eines Kindergartens, ist immer auch ein kommunikatives Handeln. Hier kommt nun der Diskurs ins Spiel. Die Analyse der Lebenssituationen der Kinder und die Entwicklung von Curriculumelementen solle im Diskurs aller an der Situation Beteiligten geschehen, so die Vorstellung der Autoren des Situationsansatzes. Der Diskurs wird zur zentralen Instanz in der Curriculumentwicklung. Hier geschieht die Verzahnung von Kindergarten und Lebenswelt außerhalb der Einrichtung. Dies macht natürlich die Öffnung der Einrichtung nach außen notwendig. Die Bedeutung, die der Diskurs hier erhält, läßt an die Diskurskonzeption von J. Habermas denken. Der Diskurs wird als Möglichkeit der Verständigung der Beteiligten über die gesellschaftliche Wirklichkeit und als Möglichkeit gesehen, Handlungsorientierungen zu begründen. Was dies ganz konkret für die gesellschaftliche Wirklichkeit, die wir Kindergarten nennen, heißt, wurde von den Vertretern des Situationsansatzes m. E. nur marginal aufgearbeitet. Auch die Voraussetzungen, die für das Gelingen des Diskurses notwendig sind – wie z. B. die "ideale Sprechsituation" (Habermas 1971, S. 142ff) werden in ihrer Bedeutung für den

Kindergarten wenig ausgearbeitet. Einige Kritiker des Situationsansatzes versuchten, unter anderem unter Verweis auf die Diskurstheorie, nachzuweisen, daß via Situationsansatz neomarxistisches Denken und Handeln Einzug in den Kindergarten nehme (siehe Maier 1980). Aufgrund methodischer und argumentativer Schwächen dieser kritischen Untersuchung, die ich hier nicht weiter verfolgen kann, scheint mir diese Interpretation des Situationskonzeptes nicht angemessen.

Fragt man nun nach den konkreten Zielen, die im Sinne von Erziehungs- und Bildungszielen in der praktischen Kindergartenarbeit nach diesem Ansatz verfolgt werden sollen, so findet man dazu Aussagen auf einem recht allgemeinen und abstrakten Niveau. Leitend sind in der Entstehungsphase des Konzeptes die beiden Begriffe "Autonomie" und "Kompetenz".

"Einerseits geht es im Zusammenhang mit sozialem Lernen um die Förderung der Kinder dahingehend, daß sie ihren Anspruch auf Selbstbestimmung – der ja zugleich Anspruch aller Menschen ist und auch so verstanden werden muß – vertreten lernen. Andererseits sollten die Kinder dazu mit Kenntnissen und Fähigkeiten ausgestattet werden, die notwendig erscheinen, um diesen Anspruch in kompetenter Weise wahrnehmen zu können" (Arbeitsgruppe Vorschulerziehung 1973, S. 11f).

Später werden diese Ziele erweitert. Zimmer formuliert den folgenden Zielekatalog:

"Emanzipation von Fremdbestimmung ... Solidarität der an der Entfaltung ihrer Person Gehinderten ... Kompetenz zur Aufklärung

fremdbestimmter Situationen ... Realisierung solidarischer Situationsbeeinflussung" (Zimmer 1984, S. 27).

Zu "Autonomie" und "Kompetenz" treten also "Emanzipation" und "Solidarität" als Zielnennungen hinzu.

Eine Konkretisierung bzw. Operationalisierung dieser Leitziele sucht man in den theoretischen Schriften zum Situationsansatz vergeblich. Die Konkretisierung kann – denkt man theorieimmanent – nur vor Ort unter Berücksichtigung der jeweils spezifischen Situation der Kindergruppe entwickelt werden. So finden wir Zielformulierungen in Form von Praxisbeispielen aus Kindergärten, die an situationsorientierten Projekten teilgenommen haben. In der Veröffentlichung "Soziales Lernen im Kindergarten" (Colberg-Schrader u. a. 1993, S. 59) finden wir z. B. das Zitat eines Kindergartens in Süddeutschland, der seine Ziele in einem Elternbrief so beschreibt:

"Wir möchten den Kindern Möglichkeiten verschaffen:
- *Lebenszusammenhänge zu begreifen;*
- *Kind unter vielen Kindern zu sein;*
- *sich in die Erwachsenenwelt einzumischen und soweit es geht, dort einbezogen zu sein;*
- *ihren Bewegungsdrang ausleben zu können.*
- *Außerdem möchten wir ihnen im Kindergarten sonst fehlende Spielmöglichkeiten und Materialien bieten."*

Diese Ziele sind auf sehr verschiedenen Ebenen formuliert. Wie man den Kindern im Kindergarten Gelegenheit geben kann, ihren Bewegungsdrang auszuleben, kann man sich unschwer sehr konkret vorstellen. Was bedeutet aber die Formulierung "Kind unter vielen Kindern zu sein"? Sollen hier Einzelkindern Möglichkeiten zu sozialen Erfahrungen geboten werden, oder wird hier auf das Kindsein im Gegensatz zum Erwachsensein abgehoben? Unbeantwortet bleibt auch, auf welche Weise sich die Kinder in diesem Kindergarten in die Erwachsenenwelt einmischen wollen.

5. Wie kann es aussehen, wenn man im Kindergarten situationsorientiert arbeitet?

Um das praktische Vorgehen bei der Planung und Durchführung der Kindergartenarbeit etwas anschaulicher zu machen, möchte ich ein fiktives Projekt vorstellen, daß in idealtypischer Weise die Planungs- und Arbeitsprinzipien des Situationsansatzes zeigen soll.

In der Nähe eines Kindergartens befindet sich eine Baustelle; ein altes Haus wird abgerissen, denn an dieser Stelle soll ein Einkaufszentrum errichtet werden. Die meisten Kinder gehen täglich auf ihrem Weg zum Kindergarten daran vorbei. Sie müssen einen Umweg machen, da der Verkehr wegen der großen Baustelle umgeleitet wird. Seit einigen Tagen schon spielen mehrere Kinder im Freispiel "Baustelle".

Die Gruppenleiterin und die Jahrespraktikantin werden darauf aufmerksam. Sie beobachten das Spiel der Kinder. Dabei versuchen sie festzustellen, welche Bedeutung das Thema "Baustelle" für jedes Kind hat, was die einzelnen Kinder schon darüber wissen und was sie besonders an der Baustelle fasziniert. Einige Kinder sind ganz begeistert von dem großen Bagger, andere erzählen von einem Preßluftbohrer, mit dem der Boden aufgebohrt wird. Einige Kinder wissen sehr gut über Werkzeuge Bescheid, denn sie haben zu Hause schon oft ihren Eltern bei Heimwerkerarbeiten zugesehen und durften mithelfen. Den Erzieherinnen fällt auf, daß es jedoch auch eine ganze Reihe von Kindern gibt, die sehr unsicher im Umgang mit Werkzeugen sind. Auch zeigen sich Unsicherheiten im Verkehr aufgrund der Umleitung.

Die Erzieherinnen sammeln diese Informationen und tauschen ihre Beobachtungen aus. Sie besprechen sich auch mit ihren Kolleginnen und tragen zusammen, was sie an Unterlagen, Arbeitshilfen, Bilderbüchern und sonstigen Materialien zum Thema "Baustelle" finden können. Anläßlich eines Elternabends wird die Situation mit den Eltern besprochen. Daraus ergeben sich ganz konkrete weitere Schritte für ein Projekt: Im Kindergarten wird eine Bücherecke zum Thema eingerichtet, dann wird eine Wand und ein Regal mit richtigen Werkzeugen ausgestattet. Hammer, Zangen, Sägen, Nägel usw. stehen zur Verfügung und die Kinder können an einer Werkbank die Werkzeuge ausprobieren. Die Kinder zimmern mit Holz u.a. ein Vogelhäuschen und eine Hundehütte.

Die Erzieherinnen achten besonders darauf, daß auch diejenigen Kinder im Umgang mit Werkzeug vertraut werden, die darin noch ungeübt sind. Sie regen auch Rollenspiele an, bei denen eine Zusammenarbeit der Handwerker auf der Baustelle gespielt wird.

Mit einem Kindergartenvater, der als Bauingenieur tätig ist, hat die Erzieherin einen Besuch der Kindergruppe auf der Baustelle vereinbart. Ein paar Tage vor der Exkursion kommt dieser Vater in den Kindergarten und erzählt den Kindern von seiner Arbeit. Er hat auch einige große Stahlnägel mitgebracht und einen riesigen Hammer, den die Kinder staunend betrachten und befühlen. Die Erzieherinnen vertiefen diese Erfahrungen an den nächsten Tagen, indem sie Angebote zu diesem Thema für kleine Untergruppen anbieten.

An einem Freitagnachmittag findet der Besuch auf der Baustelle statt. Einige Mütter sind mitgekommen, damit genügend Erwachsene die Kinder betreuen können. Die Kinder dürfen sogar in das Führerhaus eines Baggers und in einen Lastwagen steigen. Noch Wochen später erzählen sie begeistert davon. Im Kindergarten wird die Exkursion nachbereitet, u. a. wird der Sandkasten zur "Baustelle" umfunktioniert und eine Wand von den Kindern mit Baustellenszenen bemalt. Die Erzieherinnen üben auch mit den Kindern das richtige Verhalten im Verkehr. In einem nächsten Projekt will man sich mit dem Thema "Supermarkt" befassen.

Wir finden in diesem Beispiel alle Arbeitsprinzipien des Situationsansatzes. Den situativen Anlaß bildet die Großbaustelle mit allen ihren Begleiterscheinungen, wie geänderte Verkehrsführung, Lärm, usw. Die Kinder zeigen sich beeindruckt davon, und es zeigt sich, daß einige darüber nur ein geringes Wissen haben und auch im Gebrauch von Werkzeugen ungeübt sind. Auch sind viele Kinder durch die neue Verkehrsführung überfordert ("Schlüsselprobleme"). Die Erzieherinnen analysieren gemeinsam mit den Kindern und deren Eltern die Lage, stellen Material zusammen und entwickeln die nächsten Schritte ("Diskurs"). Sie laden den "Experten" ein, und sie besuchen gemeinsam die Baustelle ("Öffnung des Kindergartens für das Gemeinwesen"). Außerdem planen sie weitere Vorhaben, in denen das Thema weitergeführt werden soll. Die Kinder erhalten nicht nur Informationen über die Baustelle, sie erlangen darüber hinaus Fähigkeiten und Fertigkeiten im Umgang mit Werkzeugen. Die Notwendigkeit, im Rahmen der Verkehrserziehung auf die Umleitung einzugehen, kann man als "didaktische Schleife" und als Kompetenzzuwachs sehen. Die Kinder können sich nun wieder alleine und ohne Gefährdung auf den Weg nach Hause machen ("Autonomie"). Sie gestalten selbständig den Kindergarten bzw. einen Teil des Außengeländes ("Kompetenz" und "Autonomie").

Die nachfolgende Abbildung soll die einzelnen Arbeitsschritte im Situationsansatz grafisch deutlich machen:

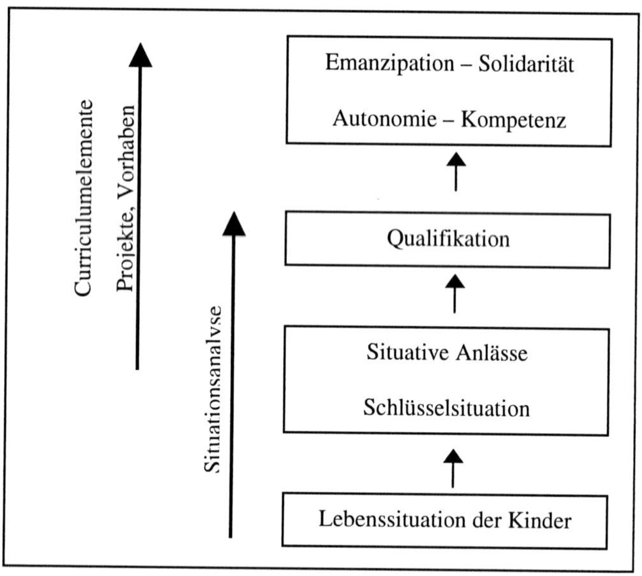

6. Wie planen und arbeiten die Kindergärten tatsächlich? Einige Befunde aus der Praxis

Wie gesagt, das dargestellte Projekt ist ein fiktives. Es könnte so oder so ähnlich in einem Kindergarten, der situationsorientiert arbeitet, stattgefunden haben. Soweit die Theorie. Wie sieht es aber mit dem situationsorientierten Arbeiten tatsächlich aus? Aus den Dokumentationen der Erprobungsprogramme und den späteren Forschungsprojekten müßte dazu eigentlich eine Vielfalt von Informationen vorliegen. Die wissenschaftlichen Untersuchungen des DJI über das situationsorientierte Arbeiten im Kindergarten haben alle in dieser Hinsicht einen Nachteil: Sie beforschen nur Kindergärten und Tageseinrichtungen für Kinder, die als Modell- oder Erprobungseinrichtungen eine intensive Betreuung, Fortbildung und Beratung im situationsorientierten Arbeiten erhalten haben. Die Praxis dieses Konzeptes, die Möglichkeiten und Probleme, die dieses Arbeiten mit sich bringt, hat man nur bei solcherart ausgewählten und intensiv vorbereiteten Einrichtungen erforscht. Wie sieht es aber in ganz "normalen" Regeleinrichtungen aus, in denen Erzieherinnen arbeiten, die lediglich im Rahmen ihrer Ausbildung oder einiger Fortbildungstage oder durch die Fachliteratur mit dem Situationsansatz Bekanntschaft gemacht haben?

Wir haben im Zusammenhang mit einem 1988 an der Pädagogischen Hochschule begonnenen Forschungsprojekt Erzieherinnen aus solchen Regeleinrichtungen nach ihrem didaktischen Vorgehen befragt und interessante Befunde über die didaktische Alltagspraxis der Kindergärten gefunden.

Zunächst zum Selbstverständnis der Erzieherinnen: Wir haben die Erzieherinnen ganz direkt gefragt, welcher didaktischen bzw. pädagogischen Position sie sich selbst am ehesten zuordnen würden, und gaben fünf Möglichkeiten vor. Die Frage lautete: "Geben Sie bitte an, in wieweit Ihre Arbeit den folgenden Aussagen entspricht: Meine Arbeit entspricht eher dem üblichen Vorgehen im Kindergarten. Meine Arbeit entspricht eher dem Situationsansatz. Meine Arbeit entspricht e-her der Montessoripädagogik. Meine Arbeit entspricht eher einem schulischen Konzept. Meine Arbeit entspricht eher der antiautoritären Erziehung." Das Antwortschema ging von "gar nicht zutreffend (0%)" bis "ganz zutreffend (100%)". Mehrfachantworten waren möglich.

Tabelle: Selbsteinschätzung der pädagogisch-didaktischen Position (n = 434)

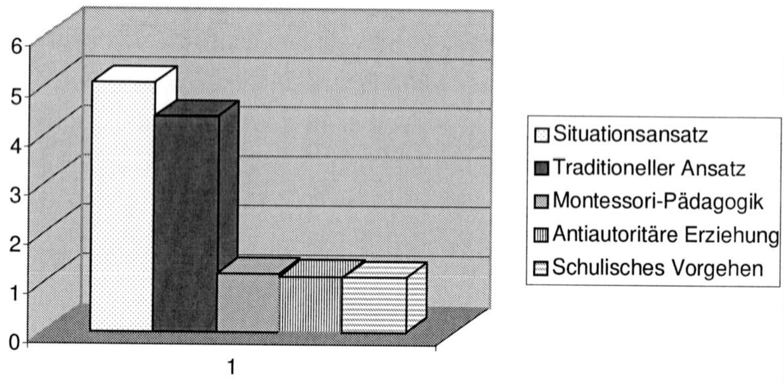

Deutlich zeigt sich, daß die Erzieherinnen in ihrer Selbsteinschätzung das situationsbezogene Vorgehen favorisieren. Mit Abstand ordnen sie ihr eigenes Konzept dem Situationsansatz zu, allerdings bekommt das Konzept, das dem üblichen Vorgehen im Kindergarten entspricht, fast ebensoviel Zuspruch. Daraus kann man folgern, daß viele Erzieherinnen das Vorgehen nach dem Situationskonzept für das übliche Vorgehen bei der Planung im Kindergarten halten, da sie beide Antwortmöglichkeiten gewählt haben. Mit großem Abstand erst folgen andere Konzepte, wobei die Montessoripädagogik noch vor dem antiautoritären und dem eher schulischen Vorgehen liegt.

Wir haben aber noch mehr gefragt. Es interessierte uns, von welchen Ausgangspunkten bzw. Anlässen die Erzieherinnen ausgehen, wenn sie konkret planen. Wir hatten die folgenden Alternativen vorgegeben: "Ich richte mich bei meiner Planung im allgemeinen: ... nach den Festen und dem Naturrhythmus im Jahreskreis, ... nach dem, was die Kinder wünschen, ... nach den aktuellen und spontanen Anlässen in der Gruppe, ... nach dem, was die Leiterin vorschlägt, ... nach dem was die Kinder außerhalb des Kindergartens evtl. zu Hause erlebt haben, ... nach meinen eigenen pädagogischen Vorstellungen, ... nach dem, was die Eltern wünschen." Es ergibt sich die folgende Darstellung:

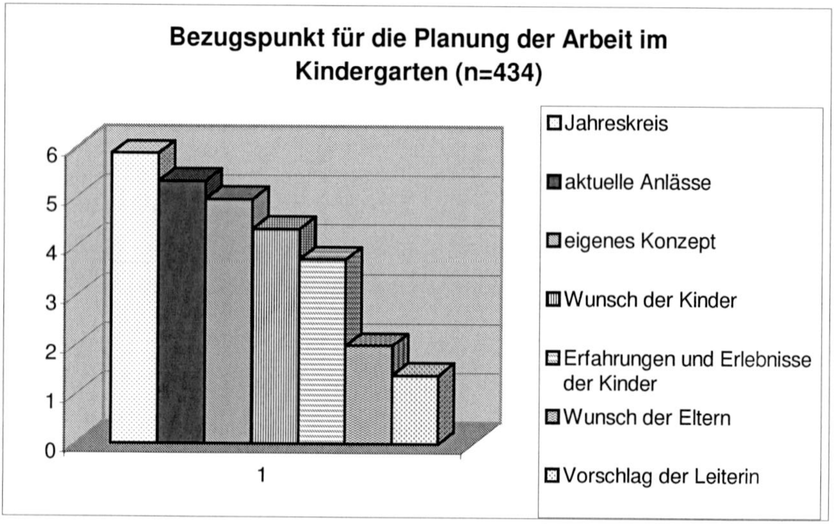

Klar an erster Stelle als Bezugspunkt für die Planung steht der Jahreskreis. Erst an zweiter Stelle werden aktuelle und spontane Anlässe in der Kindergruppe genannt. Die Planung nach dem Jahreskreis ist seit der Zeit Friedrich Fröbels (1782-1852) das übliche Vorgehen im Kindergarten. Man orientiert sich bei der Jahres- und Monatsplanung an der Abfolge der Jahreszeiten und der Feste und Feiern im Jahreskreis. So ergeben sich alljährlich wiederkehrende Rhythmen im Jahreskreis. Die Tabelle zeigt, daß auch heute noch die Planung nach dem Jahreskreis bei den Kindergärten die erste Priorität einnimmt. Dies steht im klaren Gegensatz zum Konzept der situationsorientierten und offenen Planung, die den Bedürfnissen der Kinder die höchste Bedeutung beimißt.

Einen weiteren Befund aus dieser Untersuchung möchte ich hier noch kurz erwähnen: Die Häufigkeit von Projekten. Wie schon dargestellt, kommt der Arbeit in Projekten beim Situationsansatz eine große Bedeutung zu. Das Projekt ist eine den Kindern angemessene Arbeits- und Lernform, denn es geht um entdeckendes und lebendiges Lernen in realen Situationen. Welchen Stellenwert hat nun die Projektarbeit im Alltag des Kindergartens? Wir haben den Erzieherinnen die Schilderung eines Projektes vorgelegt. Es war das gleiche Projekt, das ich zuvor als idealtypisches Projekt vorgestellt habe. Wird eine solche Projektarbeit im Kindergarten realisiert? "Haben Sie schon einmal mit Ihrer Kindergruppe ein so gestaltetes Projekt gehabt?" So lautete dazu unsere Fragestellung.

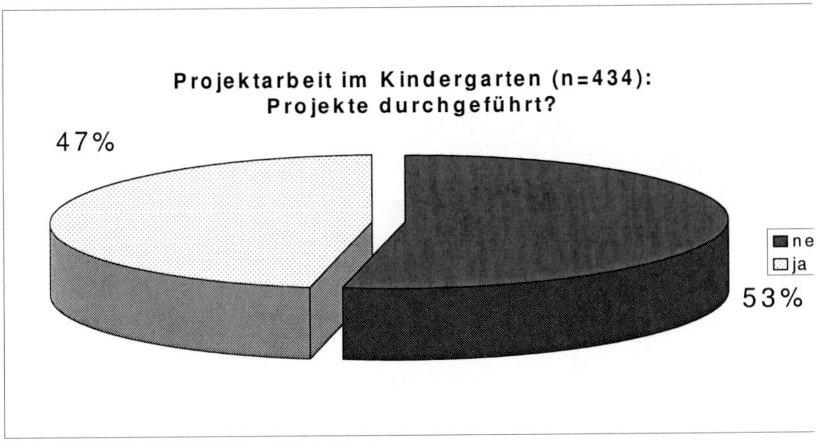

Wir stellen fest, daß lediglich 47 % der Befragten schon einmal ein derartiges Projekt durchgeführt haben. D. h. Projektarbeit, wie sie im Situationsansatz – und nicht nur dort – als probates Vorgehen im Vorschulbereich gesehen wird, ist keinesfalls üblich.

Allein diese beiden Befunde, die starke Orientierung der Planung am Jahreskreis und das seltene Arbeiten in Projektform, lassen große Zweifel daran aufkommen, daß sich der Situationsansatz in der Arbeit des Kindergartens durchgesetzt hat. Vielmehr ist zu vermuten, daß sich zwar die Mehrheit der Einrichtungen das Etikett "Situationsansatz" angesteckt hat, die Praxis aber von den Vorstellungen der Situationstheoretiker weit entfernt ist. Die Unsicherheit vieler Kindergartenerzieherinnen kommt deutlich zum Ausdruck in einer Formulierung, die ich erst jüngst in die Hände bekam. Im Gemeindeblatt der Stadt Waldshut-Tiengen läuft derzeit eine Serie, in der sich die einzelnen sozialen Einrichtungen dieser Gemeinde vorstellen. Vor wenigen Tagen beschreibt ein Kindergarten sein Konzept wie folgt:

> *"Wir arbeiten situationsorientiert, d. h. wir greifen naheliegende Situationen und die Bedürfnisse der Kinder auf und arbeiten dementsprechend. Für unsere Arbeit mit den Kindern erstellen wir Rahmenpläne für einen längeren Zeitraum, an dem man sich orientieren kann... Für die zukünftigen "Erstkläßler" ist einmal in der Woche am Vormittag ein spezielles Angebot, ebenso am Dienstagnachmittag." (Waldshut-Tiengen informiert, 28. Mai 1997, S. 4).*

Ich könnte viele derartige Beispiele nennen.

Auf unsere Ausgangsfrage: Wie planen und arbeiten die Kindergärten tatsächlich?" können wir die Antwort geben: wenig situationsorientiert!

Freies Spiel – mit viel Hingabe und Engagement. Die Kinder stört nicht, daß das tolle Spielzeug aus Plastik ist.

7. Welche Vorteile bietet der Situationsansatz und welche Probleme bringt er mit sich?

Beginnen möchte ich den letzten Abschnitt mit den Problemen und Kritikpunkten, um danach mit den Vorteilen und Verdiensten des Situationsansatzes einen doch eher versöhnlichen Ausklang zu finden.

Aus der umfangreichen Diskussion um den Situationsansatz greife ich einige Punkte heraus, die mir als besonders problematisch erscheinen. Diese Probleme und Einwände lassen sich m.E. in verschiedene Gruppen einteilen:

- Einwände gegen das Autonomie-Konzept
- Kritik an der Begrifflichkeit "offenes Curriculum" und an den "didaktischen Einheiten"
- Problematisierung der Ableitung von Zielen und Normen aus Lebenssituationen
- Probleme bei der Umsetzung des Konzeptes in der Praxis

(1) Zu den Einwänden gegen das Autonomiekonzept

Vor allem von seiten des Comenius-Institutes wurde dem Situationsansatz schon früh der Vorwurf gemacht, daß ein Bezug auf Autonomie als oberste Zieldimension wesentliche anthropologische Aspekte vernachlässige. Unfreiheit und Fremdbestimmung werde in diesem Konzept als historisch-gesellschaftlich bedingt gesehen und als prinzipiell aufhebbar. Diese Sichtweise des Menschen wird als einseitig kritisiert. Die Aktivität des Menschen werde in diesem Konzept überbewertet. Die dialektische Spannung von Freiheit und Unfreiheit des

Menschen, die Bedeutung der menschlichen Grunddimensionen Tradition und Geschichtlichkeit, bleibe zu wenig berücksichtigt.

> *"Wer "Fremdbestimmung" primär als "historisch-gesellschaftlich vermittelt" auffaßt und als "prinzipiell aufhebbar" ansieht (Zimmer 1973, S.28) mit der Konsequenz, daß von individueller und kollektiver Autonomie als einem "herzustellenden wünschbaren Zustand" gesprochen wird, weiß m.E. von der Freiheit und Unfreiheit des Menschen zu wenig" (Kaufmann 1974, S.82f).*

Diese vereinseitigte Haltung führe beim Situationsansatz zu einer wesentlichen Folge: Nämlich zu einem eingeschränkten Situationsbegriff, der zu sehr aktuelle und problematische Situationen in den Vordergrund stelle. Situationen, die zunächst nicht problematisch scheinen, wie z. B. Feste und Feiern, bleiben außen vor.

(2) Kritik an der Begrifflichkeit "offenes Curriculum" und an den didaktischen Einheiten des Curriculum "Soziales Lernen"

Robinsohn führte den Begriff des "Curriculum" ein als Gegenbegriff zum überkommenen "Lehrplan". Sein Konzept der Curriculumrevision sollte die didaktischen Entscheidungen transparent machen und durch operationalisierte Erziehungs- und Bildungsziele im Sinne von Qualifikationen eine systematische Lernzielüberprüfung ermöglichen. "Curriculum" impliziert demnach eine gewisse aufbauende Systematik und Geschlossenheit. Der Begriff "offenes Curriculum" des DJI-Ansatzes ist in diesem Sinne widersprüchlich. Obwohl immer wieder betont wird, daß die 28 didaktischen Einheiten des Curriculums "Soziales Lernen" als Erfahrungsberichte und Materialsammlungen zu werten seien, besteht doch die Gefahr, daß eine solche umfangreiche und strukturierte Vorgabe gleichsam als Rezeptesammlung von den Praktikern "mißbraucht" wird. Hat man ein solches Curriculum vor Augen, entsteht schnell der Eindruck, man müsse in gleicher Weise die vorgegebenen Themen im Kindergarten vor Ort "bearbeiten". An Stelle der 28 didaktischen Einheiten trat deshalb ab 1993 die Veröffentlichung "Soziales Lernen im Kindergarten", die völlig auf das Konzept der didaktischen Einheiten verzichtet. Man spricht dort statt dessen von Projekten und Vorhaben.

(3) Die Problematisierung der Ableitung von Erziehungszielen und Normen aus Lebenssituationen

Das DJI-Konzept des Situationsansatzes unterstellt die Annahme, man könne über die Methode des Diskurses aus aktuellen Lebenssituationen unmittelbar Erziehungs- bzw. Lernziele ableiten. Dem steht die Erfahrung entgegen, daß Situationen sowohl vielschichtig als auch vieldeutig sind und der Interpretation bedürfen. Die Kriterien und Normen für pädagogisches Handeln können nicht aus der Situation alleine abgeleitet werden, sondern brauchen einen ethischen und/oder gesellschaftstheoretischen Bezugspunkt, der über die Situation selbst hinausreicht. Ist dieser Bezugspunkt nicht geklärt, besteht die Gefahr der Willkür und Beliebigkeit bei der Auswahl von Situationen, die als relevant gelten sollen. Der Situationsansatz muß so zum "Beliebigkeitsansatz" werden.

(4) Probleme bei der Umsetzung des Situationsansatzes in der Praxis

Wie ich schon zu zeigen versucht habe, kann man keineswegs davon ausgehen, daß sich der Situationsansatz, wie er von den Fachautoren entworfen wurde, durchgesetzt hat und von der Mehrzahl der Kindergärten und Tageseinrichtungen für Kinder tatsächlich praktiziert wird. Dies liegt zum Teil sicher an den oben kritisierten Punkten, es kommt aber noch ein weiterer Punkt hinzu: Ich sehe hier die Gefahr der Überforderung der Erzieherinnen. Ich möchte dies an zwei Punkten deutlich machen. Der Anspruch einer diskursiven Verständigung aller Beteiligten im Zuge der Situationsanalyse setzt voraus, daß es die Möglichkeiten des herrschaftsfreien Dialogs und der "idealen Sprechsituation" bereits gibt. Diese Annahme kann jedoch entschieden bestritten werden. Kommunikationsschwierigkeiten und Konflikte, Mißver ständnisse und Unverständnisse gehören zur Alltagserfahrung jeder Kindergartenarbeit. Nun wäre es – folgt man der Diktion dieses Konzeptes – Aufgabe der Erzieherin, eben diese herrschaftsfreien Räume und Sprechsituationen in einem Gemeinwesen zu schaffen. Solche Erwartungen an die Erzieherin, im Gemeinwesen sozialarbeiterisch und "therapeutisch" zu wirken, erfordern vor dem Hintergrund der gegebenen Arbeitsbedingungen im Kindergarten – das kann z. B. bedeuten, alleine eine Gruppe von 28 oder 30 Kindern aus fünf verschiedenen Herkunftsländern zu leiten, – die "Superfrau" schlechthin. Die Gemeinwesenorientierung der Kindergartenarbeit im Situationsansatz kann der Kindergarten alleine niemals leisten. Die Erzieherinnen brauchen die Unterstützung durch kompetente Kooperationspartner. Solche gesellschaftlichen Voraussetzungen sind im Situationsansatz zu wenig bedacht und ausgearbeitet. Zweitens halte ich die Forderung des Situationskonzeptes nach einer permanenten Reform, auch "rolling reform" genannt, für problematisch. Die Erzieherinnen kommen durch dieses Konzept in die Lage, permanent neue Curricula bzw. Projekte zu entwerfen und durchzuführen zu müssen. Selbstverständlich ist es wichtig, verkrustete Rituale und Routine zu durchbrechen und innovativ zu wirken. Aber kann man das ein ganzes Berufsleben lang?

Ich kann und will diese Kritik am Situationsansatz hier nicht zum Abschluß führen. Es ist vielmehr meine Absicht, mit diesen Fragen Anregungen, sowohl zum Austausch, als auch zur eigenen Meinungsbildung zu geben.

Trotz aller Vorbehalte und Kritik sollte man auch die Verdienste und Vorteile sehen, die dieses Modell vorschulischer Arbeit bietet. An erster Stelle muß dabei das starke und eindeutige Engagement für die Belange des Kindes genannt werden. Nicht der "Lernstoff", der Fächerkanon der Wissenschaften, steht im Mittelpunkt, auch nicht das Training einzelner isolierter Funktionen, sondern das Kind in seiner tatsächlichen, aktuellen Lebenswirklichkeit. Nicht die Vermittlung instrumentellen Wissens oder das Üben steht im Vordergrund, sondern das soziale Lernen. Hier knüpft der Situationsansatz an eine pädagogische Tradition an, die zurückreicht bis Rousseau (1712-1778) und Pestalozzi (1746-1827) und die in Deutschland in den dreißiger Jahren von Erika Hoffmann vertreten wurde.

Die Bedeutung der Situationsanalyse für die Planung der Arbeit im Kindergarten - vergleichbar vielleicht mit dem gruppenpädagogischen Prinzip "da anfangen, wo die Gruppe steht" - wurde von vielen Autoren des Situationsansatzes besonders herausgearbeitet. Auch dies ist für die Kindergartenpraxis sicher ein wertvoller Impuls. Vor allem die nordrhein-westfälische Variante des Situationsansatzes hat sich bemüht, durch strukturierte Arbeitshilfen den Erzieherinnen ein Instrument zur Situationsanalyse zur Verfügung zu stellen. Moderne Kindergartenarbeit kann ich mir ohne fundierte Situationsanalyse nicht mehr vorstellen.

Schließlich sehe ich es als einen Vorteil an, daß der Situationsansatz ein didaktisches Vorgehen begründete, das in den Zeiten der Bildungsreform eine echte Alternative zu schulischen Formen der Wissenvermittlung bot. Die 1970 drohende Vereinnahmung der Fünfjährigen durch die nichtreformierte Grundschule konnte u. a. mit Hilfe des Situationsansatzes abgewehrt werden. Angesichts der heutigen bildungspolitischen Landschaft muß man fragen, welche didaktische Konzeption Ähnliches zu leisten vermag.

Der Situationsansatz hat ein wichtiges und bedeutsames Kapitel der Entwicklungsgeschichte des Deutschen Kindergartenwesens in der Nachkriegszeit mitgeschrieben. An der Schwelle zum dritten Jahrtausend steht der Kindergarten vor neuen Herausforderungen. Nicht nur die Veränderung des Betreuungsbedarfs mit der Konsequenz der Öffnung der Einrichtungen für jüngere und ältere Kinder, nicht nur neue gesellschaftliche und technologische Entwicklungen erfordern heute ein erneutes Nachdenken über den Erziehungs- und Bildungsauftrag vorschulischer Einrichtungen; auch bildungspolitisch wird der Auftrag des herkömmlichen Kindergartens mittelfristig in Frage gestellt. Sollten die Vorstellungen des Kultusministeriums von Baden-Württemberg bezüglich der Einschulung von Fünfjährigen realisiert werden, dann wird dies auch Auswirkungen auf die Vorschuldidaktik haben müssen. Wir sehen: Die Vorschuldidaktik bleibt in der Diskussion.

Literatur:

Arbeitsgruppe Vorschulerziehung: Anregungen 1: Zur pädagogischen Arbeit im Kindergarten, München 1973

Becker-Textor, I.: Kindergarten 2000, Freiburg 1994

Berger, I. u.a. (Hrsg.): Land-Kinder-Gärten – ein Projektbuch des Deutschen Jugendinstituts, Freiburg 1992

Colberg-Schrader, H. u.a.: Soziales Lernen im Kindergarten, München 1991

Comenius Institut Münster (Hrsg.): Situationsansatz und Religionspädagogik, Heft 3 der Reihe Förderprogramm im Kindergarten, Münster 1976

Deutscher Bildungsrat: Strukturplan für das Bildungswesen, Stuttgart 1971

Deutscher Bildungsrat: Empfehlungen der Bildungskommission – Zur Einrichtung eines Modellprogramms für Curriculum-entwicklung im Elementarbereich, Bonn 1973

Deutsches Jugendinstitut (Hrsg.): Curriculum Soziales Lernen, München 1980

Freire, P.: Pädagogik der Unterdrückten, Stuttgart 1971

Habermas, J.: Vorbereitende Bemerkungen zu einer Theorie der kommunikativen Kompetenz, in: Habermas, J./Luhmann, N.: Theorie der Gesellschaft oder Sozialtechnologie, Frankfurt 1971

Huppertz, N.: Erleben und Bilden im Kindergarten. Der lebensbezogene Ansatz als Modell für die Planung der Arbeit, Freiburg i. Br., 5. Aufl., 1995

Kaufmann, H.B.: Fragen zur Curriculumkonzeption der "Arbeitsgruppe Vorschulerziehung", in: Bildungsplanung und Erziehungsauftrag im Elementarbereich, Münster 1974, S. 75 ff

Krenz, A.: Der "situationsorientierte Ansatz" im Kindergarten, Freiburg 1991

Maier, F.: Entwicklungslogik und Peziprozität kommunikativer Ethik, Frankfurt a.M., 1980

Minister für Arbeit, Gesundheit und Soziales des Landes Nordrhein-Westfalen (Hrsg.) Arbeitshilfen zur Planung der Arbeit im Kindergarten, Köln, 2. Aufl. 1986

Oertel, F. (Hrsg.): Elementare Sozialerziehung, München 1982

Robinsohn, S. B.: Bildungsreform als Revision des Curriculums, Neuwied, 3.Aufl 1971

Senator für Familie, Jugend und Sport: Kindheit in Berlin – Drei didaktische Einheiten, Berlin 1980

Zimmer, J.: Ein Bezugsrahmen vorschulischer Curriculumentwicklung, in: Zimmer, J., (Hrsg.): Curriculumentwicklung im Vorschulbereich, Bd.1 und 2, München 1973

Zimmer, J.: Der Situationsansatz als Bezugsrahmen der Kindergartenreform. In: Enzyklopädie Erziehungswissenschaft Band 6 (hrsg. v. D. Lenzen), Stuttgart 1984

Norbert Huppertz

Der Lebensbezogene Ansatz in der Vorschulpädagogik – Kann er die Alternative sein, die er sein möchte?

Norbert Huppertz

Der Lebensbezogene Ansatz in der Vorschulpädagogik – Kann er die Alternative sein, die er sein möchte?

1. Impressionen aus dem Lebensbezogenen Kindergarten

Womit anfangen, wenn man einen sog. "Ansatz" – seinen Ansatz – in Kürze darstellen möchte? Mit der Theorie – also dem Konzept? Mit der Praxis – also der Wirklichkeit? Wenn dieses – welche Wirklichkeit? Ich präsentiere ein paar Bilder, die einigermaßen typisch sein dürften für den Blick, den man hat, wenn man in einen Lebensbezogenen Kindergarten hineinschauen würde. Man sähe dann tendenziell eher

- handelnde Kinder (weniger: rezipierende Kinder)
- Kinder in der Natur und im Freien (weniger: Kinder drinnen)
- Kinder in kleinen Gruppen (weniger: im Großverband)
- Kinder gemeinsam mit der Erzieherin
- Kinder an (!) etwas arbeitend
- etwas hervorbringend
- lernend über das Tun
- entdeckend
- eher ruhig, statt laut
- Gelände und Räume eher uneben und flexibel usw.

Warum sollte ein solcher Kindergarten nun aber "Lebensbezogen" heißen? Von dem Gezeigten her könnte er auch andere Benennungen haben. Was unterscheidet die Lebensbezogene Pädagogik wesentlich und unverwechselbar von anderen Positionen?

Ansätze sollte man an ihrem Namen erkennen, und demgemäß müssen sie gleichsam halten, was sie versprechen. Also zum Begriff "Lebensbezogen".

2. Was heißt "Lebensbezogen"?

"Bezogen" auf das Leben, und nicht "orientiert" am Leben heißt dieser Ansatz zunächst einmal, und zwar deshalb, weil unsere "Orientierung" im strengeren Sinn anderswoher zu nehmen ist; jedenfalls nicht in erster Linie aus dem praktischen Leben als solchem. Ethisch und pädagogisch würden wir sonst einer platten normativen Kraft des Faktischen das Wort reden. Primitivst orientierte Mehrheiten könnten sich dabei durchsetzen, und das echte, sinnvolle menschliche Leben stünde auf dem Spiele.

Der Lebensbezogene Ansatz ist auch nicht zu verwechseln mit dem situationsorientierten (o. ä. ausgedrückt), dem funktions- oder disziplinorientierten Ansatz. Mag es auch mit anderen didaktischen oder pädagogischen Positionen mehr oder weniger (gleichsam schnittmengenartige) Gemeinsamkeiten geben, so ist die Eigenständigkeit und Differenz unserer Lebensbezogenen Didaktik doch groß genug.

Schlagwortartig angegeben meint "Lebensbezogen" hier etwa folgendes:

- Zusammen-leben mit Kindern (in Freud', Leid und Alltag)
- Nähe zum gesellschaftlichen und realen Leben
- Überleben von Natur und Menschheit – Weiterleben
- Leben im Strom der Vergangenheit, Gegenwart und Zukunft
- Er-leben, statt mediatisierte Vermittlung
- Auch Schule als wichtigen Teil des Lebens mitbeachten und darauf vorbereiten
- Auch behindertes Leben ist volles Leben; dieses, wo irgend möglich, mit einbeziehen.

Würde man innerhalb der Anthropologie bzw. Philosophie der Gedankenwelt der sog. Lebensphilosophie nachgehen – etwa verbunden mit Namen wie Bergson (1859-1941), Dilthey (1833-1911) und Nietzsche (1844-1900), dann fände man viele Gemeinsamkeiten, wobei ich aber deutlich hervorheben möchte, daß dort keineswegs die Wurzeln meines Denkens zu suchen sind. Das Gleiche gilt auch für theologisch verknüpfte Positionen, z. B. im Sinne von Albert Schweitzer. Mein Ansatz versteht sich viel mehr als partial-holistisch und dabei u. a. als streng phänomenologisch, was zwar keine historienfeindliche Haltung bedeutet, aber doch in erster Linie einen möglichst ideologisch und geschichtlich freien Blick auf das An-sich-Gegebene meint.

Die Erzieherin ist die wichtigste Person für das Kind im Kindergarten. Deshalb gehört sie auch mit in die Runde

3. Das didaktische Beispiel: Eine wunderschöne Wiese

Ich möchte nun an einem Beispiel erläutern, um was es sich prinzipiell beim Lebensbezogenen Ansatz handelt. Um treffende Beispiele zu finden, – das weiß jeder Pädagoge – muß man ein bißchen Glück haben; denn sie sollten einerseits nicht banal, andererseits aber auch nicht extravagant sein. Ist dieses gegeben, dann werden sie oft schlicht und einfach – wie das Leben selbst oft oder gar meist – alltäglich. Dies gilt auch für das folgende Beispiel. Eines aber ist es, nämlich instruktiv für die Lebensbezogene Pädagogik und Didaktik.

"Eine wunderschöne Wiese"

In den Teamsitzungen sammeln die Erzieherinnen Ideen und Material, um das Thema mit den Kindern interessant und erfahrungsreich zu gestalten. "Einstieg" ist ein ausgedehnter Spaziergang, bei dem die Kinder eine Wiese erleben und u. a. mit der Lupe durchforschen. Sie entdecken: Ameisen, Käfer, einen Regenwurm, der Löcher in die Erde bohrt, Maulwurfhügel, Mauslöcher, Schmetterlinge, Bienen, winzige Tiere und Pflanzen, bekannte und unbekannte Blumen, Spuren und Abdrücke in der Erde etc. Junge Löwenzahnblätter und andere Pflanzen werden gepflückt.

Im Kindergarten legen die Kinder zusammen mit den Erzieherinnen ein Herbarium an. Die Pflanzen werden anhand von Sachbüchern sortiert und benannt. Die Kinder bringen noch mehr "Anschauungsmaterial" mit, z. B. von der eigenen Wiese zu Hause oder vom Spielplatz. So entsteht eine umfassende Sammlung, die interessant ist wie ein Bilderbuch.

Aus dem Löwenzahn bereiten einige Kinder einen Salat für alle zu. Viele sind begeistert, etwas zu essen, das nicht gekauft und auch nicht im Garten gewachsen ist. Da wird auch der bittere Geschmack in Kauf genommen.

Wir legen eine Experimentierecke an. Blumenerde, Balkonkästen, Schaufeln und Gießkannen stehen bereit. Samen werden in den Boden gelegt, Pflanzen werden gesetzt und von den Kindern gepflegt. Ein Mikroskop vervollständigt das Material.

Ihre vielfältigen Eindrücke und Erfahrungen können die Kinder auch weiterhin auf unterschiedliche Weise vertiefen. Sie schneiden, reißen und falten Blumen und gestalten an den Wänden eine Wiese mit allerhand Tieren. Dabei verwenden sie verschiedene Materialien (Karton, Seidenpapier, Tonpapier, Uhu, Kleister, etc.) Mit Wasser- und Fingerfarbe werden Bilder gemalt und im Gang ausgestellt. Jedes Kind bemalt einen Blumentopf und nimmt eine selbstgezogene Pflanze mit nach Hause.

Weiter wird das Thema durch Lieder, Gedichte, Fingerspiele, Rätsel, Geschichten und Märchen bereichert. In der Bücherecke liegen Bilder- und Sachbücher bereit. Das Summen und Zierpsen, das Streichen des Windes über die Grashalme und Wiesenblumen (kurz: das Leben in der Wiese), das die Kinder beobachten, geben den Anstoß, eine eigene Wiesengeschichte zu machen und auf Instrumenten zu vertonen.

Die Eltern werden durch Elternbriefe und Aushänge über das Thema informiert. Anhand von Liederzetteln und Literaturhinwei-

sen können sie die Arbeit im Kindergarten mitverfolgen und evtl. sogar fortsetzen und vertiefen. Den Höhepunkt und Abschluß dieses Themas bildet eine Wanderung mit Picknick, gemeinsam mit Eltern und Kindern.

Dieses Beispiel weist mehrere Züge einer Lebensbezogenen Didaktik auf, und zwar in zweierlei Hinsicht: einmal in Abgrenzung zu anderen Ansätzen, und zum zweiten im Sinne einer positions-immanenten Betrachtung der hier verstandenen Pädagogik.

Im Gegensatz zu einer absolut (!) kinderorientierten Position (ich halte eine solche pädagogisch und erziehungswissenschaftlich gesehen nicht für haltbar), sind hier die verantwortlichen Erzieherinnen bei der Planung und Vorbereitung entscheidend. Dies erstaunt z. B. Situtions-theoretiker, und sie lassen es nicht gelten. "Es kommt nicht von den Kindern", wenden sie ein, und glauben – irrend – die beste Pädagogik läge dann vor, wenn nur alles von den Kindern komme.

Es wird in unserem Beispiel mit der Lupe und anderen wissenschaftlichen Instrumenten "gearbeitet". Das würden z. B. Waldorf-Pädagogen weniger begrüßen.

Lebens-Pädagogik-immanent lassen sich an unserem Wiesenbeispiel die folgenden Momente besonderer Art herausstellen:

- Eine Wiese: Wenn sie "lebt" – noch so lebt, wie es hier den Anschein hat, dann braucht man nicht lange darüber nachzusinnen, ob dies vom Gegenstand, vom Inhalt als solchem her, etwas mit Lebensbezogenheit zu tun hat.

- Der Gegenstand als solcher bietet potenzialiter, d. h. der Möglichkeit nach, eine Reihe von Wertaspekten, von denen her man zu Erziehungs- und Bildungszielen gelangt.
- Das Schöne: Kinder sollen die Natur er-leben, sie – staunend – "schön finden", um sie so wertvoll und erhaltenswert zu finden. Das dürfte über solches Erleben gelingen, und zwar nachhaltig.

4. Bedeutung und Gewinnung der Inhalte in der Lebensbezogenen Position

Theoretisch und prinzipiell sind es alle Themen und Inhalte unserer Welt und unseres Denkens, die Bildungsrelevanz erlangen können. Die erziehungswissenschaftliche Professionalität besteht nun in deren bildungs- und erziehungstheoretisch einwandfreier Auswahl und Bestimmung. Pädagogik dient *u. a.* dazu, daß dies nicht dem Zufall überlassen bleibt. Das darf deshalb nicht sein, weil Kinder sonst oft nicht zu ihren Rechten kämen. Viele Kinder schnitten gegenüber anderen sonst besser ab, andere kämen zu kurz. Dadurch wird hoffentlich deutlich, welch eine große Aufgabe und Verantwortung die Pädagogik im Hinblick auf z. B. kompensatorische Maßnahmen bzw. im Zusammenhang mit der viel beschworenen, heute leider oft vergessenen Chancengleichheit hat. Was heißt nun hier "die Pädagogik"? In unserem Fall sind es ja ganz klar "die Pädagogen", genauer "die Erzieherinnen"; denn das Glück – manchmal denke ich die Crux – der Vorschulpädagogik besteht darin, daß sie kein Curriculum hat. Je freier von Vorschriften, z. B. curricularer Art, desto besser, könnte man zunächst glauben.

Es darf aber nicht außer acht bleiben, welch eine erziehungswissenschaftliche Kompetenz von einem Praktiker gefordert ist, der täglich in voller Eigenständigkeit, und d. h. auch in alleiniger Verantwortung, alle didaktischen Entscheidungen trifft. Dem Umfang nach geht die curriculare Entscheidungsfreiheit (bei richtigem Verständnis könnte man auch sagen die Lehrfreiheit), die Erzieher im deutschen Kindergarten haben, weit über die eines Professors, der in Lehre und Forschung immer als außergewöhnlich frei angesehen wird, hinaus. Ich wollte mit diesem Vergleich auf die erforderliche Reflexion und auf die sich stellende Verantwortung hinweisen.

In der Lebensbezogenen Pädagogik wird den Themen und Inhalten im Hinblick auf die Bildung des Kindes sehr große Bedeutung beigemessen. Bei aller Relevanz, die wir der Methodik in der Vorschulerziehung auch beimessen mögen, so kann es aber doch, wie manche zu glauben scheinen, nicht gleichgültig sein, woran, d. h. an welchen Themen und damit verbundenen Projekten, sich Kinder bilden, oder anders: wie sie – davon oder dadurch – sich bilden lassen; denn – bei allen Imponderabilien, die Erziehung und Bildung per se immer implizieren – dies, nämlich die Entscheidung über die Bildungsinhalte, ist etwas, das wir selbst in der Hand haben. Eine Chance, die wir nicht vergeben dürfen. (Die Torheit derjenigen, die dies dem situativen Zufall überlassen, kann ich nicht verstehen.)

Die Erzieherin darf die Entscheidung, die sie nun einmal selbst treffen muß, nicht nach eigenem Gutdünken, nach ihren Lüsten und Launen oder Interessen fällen, sondern dies muß fachlich fundiert geschehen, und gerade hier zeigt sich ihre Professionalität, wie sonst kaum irgendwo. Das zentrale Sachkriterium für diesen wichtigen Entscheidungsvorgang sind die Werte und die darin implizierten Erziehungs- und Bildungsziele, an denen wir uns "orientieren" (hier ist der Begriff "orientieren" angebracht), weil sie uns die Richtung weisen.

Ein zweites Moment in dem Entscheidungsvorgang ist die von uns übernommene Verantwortung und Anwaltschaft für das Kind. Ich habe in diesem Zusammenhang eine Reihe von Entscheidungshilfen entwickelt, die den Entscheidungsvorgang rationaler und begründeter zu gestalten helfen. Diese sind z. B. Fragen wie:

- Eröffnet das Thema bzw. der Inhalt den Kindern Perspektiven für den Sinn ihres Lebens? (z. B. ästhetische Bildung in Kunst, Musik; Bewegung; kleine und große Helfer-Gestalten)
- Hat das Thema exemplarischen Bildungscharakter, d. h. kann es als stellvertretend für andere Inhalte angesehen werden? (z. B. Erntedank für andere Feste; ein bestimmtes Tier für andere Tiere; ein Land für andere Länder usw.)
- Welche Bedeutung hat ein Thema für diese unsere Kinder hier? Sind sie dafür bereits motiviert oder muß ich mir Motivations- und Einstiegsaktivitäten und Gegenstände überlegen?
- Läßt sich das Thema elementarisieren, also auf die Entwicklungsstufen dieser meiner Kinder in ihrem Alter holen, und ist es projektgeeignet, also in praktische, wirkungsvolle Aktivität einzubinden (z. B. Dritte-Welt-Projekt; Umwelt-Projekt)?

5. Zum Bild des Kindes und der Erzieherin

"Und wo bleibt das Kind?", so könnte jemand sich gefragt haben, nachdem so viel von Themen und Inhalten und "vom Erzieher" die Rede gewesen ist. – Selbstverständlich dreht sich alles um das Kind; denn es geht ja um seine Erziehung, sein Leben und Erleben, sein Glück und sein Wohl. Gerade deshalb und weil wir erkennen, wie komplex, schön und zugleich gefahrvoll pädagogisches Handeln ist, müssen wir in der Lebensbezogenen Pädagogik wenigstens einige Aspekte der Anthropologie des Kindes, wie sie hier verstanden wird, aufzeigen.

Der Sinn von Kindheit, wenn man danach fragen möchte, ist nicht allein darin zu sehen, erwachsen zu werden. Kindheit ist, wie Jugend, zwar auch Durchgangsstadium, aber, von seiner Wertigkeit her, keineswegs in erster Linie. Kindheit hat vielmehr ihren Wert und ihre Bedeutung in sich selbst. Das Kind ist nicht einfachhin eine unfertige Person, sondern es ist eine Persönlichkeit, die natürlich auch ihre Identität finden muß. Allerdings sollten wir uns hüten, Kindheit und Jugend in erster Linie als Phasen mit der Aufgabe der Identitätsfindung zu begreifen. Man würde damit, pädagogisch gesehen, niemals dem Sinn für die Gegenwart des Kindes und Jugendlichen gerecht, sondern sähe viel zu sehr nur deren Zukunft.

Natürlich müßte an dieser Stelle eigentlich auch gründlich der Frage nachgegangen werden, wie Kinder im vorschulpädagogischen Alter überhaupt lernen; in der Lebensbezogenen Pädagogik geht es ja um Leben und Lernen der Kinder im betreffenden Alter. Für das gezielte und geförderte Lernen sind selbstverständlich die gängigen Positionen der pädagogischen Psychologie gründlich zu bedenken und zu nutzen.

Was Umgang, Lernen, Anregung und Förderung betrifft, müssen wir das Kind sowohl als Individualwesen (als eine einmalige Persönlichkeit), wie auch als Sozialwesen (als jemand, der auf soziale Dimensionen angelegt ist) betrachten. Der Lebensbezogene Pädagoge schätzt es insofern, wenn Kinder allein und für sich tätig sind und spielen, aber ebenso, wenn Kinder in kleineren oder größeren Gruppen agieren. Vor allem müssen wir die Eigen- und Selbstkräfte des Kindes hoch genug einschätzen und erkennen, wievieles von Kindern selbst "kommen" kann, wenn wir ihnen die richtigen Anregungen im richtigen Ausmaß bieten: nicht zu viel, und nicht zu wenig. Falsch ist aber, Kindern keine Anregungen zu geben und sie sich selbst und alleine zu überlassen.

Außer dem Bedürfnis nach Anregung (u. a. bildende Themen) haben Kinder das Bedürfnis nach Zuwendung (individuelle Einbindung, pädagogisches Verhältnis, also Beziehung zu "meiner Erzieherin", die ganz für mich da ist), nach sozialer Integration (feste Zugehörigkeit zu einer überschaubaren Gruppe), nach Anerkennung (persönlicher und individueller Art, besonders durch Erwachsene, also die Erzieherin), nach Bewegung, nach Raum (darin "mein Platz") und Zeit, nach Essen, Trinken, Wärme und guter Luft. Kinder haben aber auch das Bedürfnis nach Erziehung, d. h. sie brauchen unbedingt pädagogische Führung im Sinne der Wert-Norm-Vermittlung.

Die Beachtung aller dieser Bedürfnisse der Kinder wird in der Lebensbezogenen Pädagogik besonders betont, und es sollen daraus realistische Konsequenzen für das praktische Handeln erfolgen. Überall da, wo die Befriedigung der Bedürfnisse des Kindes gefährdet ist, muß die Erzieherin zum Lebens-Anwalt für das Kind werden. Es braucht in seiner Schutzlosigkeit die Obhut. Die Erzieherin ist es, die das Kind täglich in seiner Befindlichkeit und Gestimmtheit empfängt und annimmt. Dann kann sein Leben gelingen.

Sehr ausführlich müßte auch eingegangen werden auf das "Bild der Erzieherin", dabei besonders auf die Frage nach dem Erzieherverhalten, dem sog. Erziehungsstil. Unverzichtbar ist für ein gelingendes Leben eines Menschen, daß er in Kindheit und Jugend in ausreichendem Maße echtes partnerschaftliches Erzieherverhalten erleben konnte. Nur dann ist gewährleistet, daß das vermieden wird, was wir durch die Forschungsergebnisse von T. W. Adorno (vgl. Studien zum autoritären Charakter, Frankfurt 1984) als autoritäre Persönlichkeit kennen. Dies ist gerade das Gegenteil des Weltbürgers mit seinen antirassistischen Einstellungen und Werten. Die prinzipielle Reversibilität des Verhaltens des Erziehers im Umgang mit dem Kind – man gibt dabei Erziehung als solche und vor allem auch ihre Autorität sowie die damit verbundene Führung nicht auf – ist hier gleichsam die goldene Regel: Ich verhalte mich pädagogisch gegenüber Kindern so, wie ich wünsche, daß sie sich mir gegenüber verhalten. Ausnahmen hiervon könnten sich in Konfliktfällen ergeben.

In der Lebensbezogenen Didaktik-Position ist – ausgehend von diesem Bild des Kindes – dann vor allem das Prinzip der er-lebenden Bildung und damit – lerntheoretisch – das ent-deckende Lernen gefragt: Wenig lenkend, möglichst mehrere Wege und Ergebnisse zulassend, auf Initiativen setzend, zum Handeln ermunternd, verbales Vermitteln ("Beibringen") vermeidend – so möchte ich mit wenigen Worten die Haltung und das Verhalten der Lebensbezogenen Erzieherin umreißen. Nur dann kann das Kind selbst sich – er-lebend – bilden.

Kreativität – um sie zu entfalten, bedarf es der anregenden Umgebung: Materialien aller Art, ermunternde Personen...

6. Erziehungs- und Bildungsziele – Werte

Wem kein Hafen ist, dem nützt auch nicht der beste Wind; er hat nämlich kein Ziel. Ohne Ziele und ohne eine Orientierung an solchen geht es nicht.

Bei allem alltags- und lebensbezogenem Lernen der Kinder im Kindergartenalter muß die Erzieherin eine möglichst klare Orientierung haben. Deshalb ist es für sie unverzichtbar, sich mit diesem Komplex der Allgemeinen Pädagogik gründlich zu befassen. (Nach meinem Eindruck tut hier "die Ausbildung" – Verzeihung für das Pauschalurteil – das Ihrige nicht.) Dieser Teil der Lebensbezogenen Pädagogik gehört in den Bereich des sog. Orientierungswissens – im Gegensatz zum Verfügungswissen. Orientierungswissen ist das Wissen, mit dem der Mensch sich und seinem Handeln den Weg weist. Wenn es uns daran zu sehr mangelt, sehen wir keinen Sinn mehr in unserem Dasein. Unser Leben wird dann schal und leer. Dem entgegenzuwirken, also Sinn zu vermitteln bzw. zu eröffnen, ist aber gerade eine der wichtigsten Aufgaben Lebensbezogener Vorschul-Pädagogik. Der Erzieher braucht Sinn und Wert für sich und sein Dasein, und für die Arbeit mit seinen Kindern, und er wird bedacht sein, diesen ein sinnvolles, gelingendes Leben zu ermöglichen.

Bei den folgenden Überlegungen zur Wertebasis und der damit verbundenen pädagogischen Ziellehre sei von vorneherein darauf hingewiesen, daß es sich dabei um eine phänomenologische Sichtweise handelt; eine Position also, die nicht auf metaphysischen Prinzipien aufbaut und auf solche Annahmen angewiesen ist, andererseits aber doch den Horizont auf derlei Transzendierung offen läßt, je nach

Weltanschauungsposition, die vorhanden ist. Oberstes Prinzip ist hier der Grundsatz der rationalen Einleuchtung (Evidenz).

Einleuchtend ist zunächst, daß alle echte Erziehung und Bildung der Zielüberlegung und konkreten Zielsetzung bedarf. Nicht bestimmte Vorschriften, evtl. von oben erlassen, geben Richtung und Orientierung, sondern der eigene Verstand, mit dem wir selbst wagen müssen, weise zu sein. Das Wichtigste ist hierbei, daß wir zur Unvoreingenommenheit gelangen.

Neben der Anerkennung und Betonung "alter Tugenden", wie z. B. Gerechtigkeit, Solidarität, Achtung oder Liebe des Nächsten usw., finden wir über den phänomenologischen Einleuchtungsvorgang als Werte und damit verbundene pädagogische Ziele – für heute und morgen, also in heutiger Zeit – u. a. die folgenden:

- Maßhalten und verzichten können (das Gegenteil: Mentalität der Überfluß- und Wegwerfgesellschaft)
- Ethisches Verhalten als Bewußtsein von Gut und Böse (das Gegenteil: Handeln nur nach Profit und eigenem Vorteil)
- Sicht des Ganzen (das Gegenteil: die Einstellung: "Mein Handeln betrifft nur mich.")
- Weltbürger-Sein (das Gegenteil: Regionalismus, Patriotismus und Nationalismus)
- Kritikfähigkeit – bei Respektierung von zeitgemäßer Tradition (das Gegenteil: zu starke Anpassung und Gehorsam um jeden Preis)

- Erkennen der Folgen von eigenem Handeln (das Gegenteil: anderen die Ursachen und die Schuld für eigene Vergehen zuschieben)
- Friedensfähigkeit (das Gegenteil: Konflikte durch Dominanz und Gewalt regeln wollen)
- Verantwortungsbewußtsein (das Gegenteil: Egoismus und eigener Hedonismus)
- Furcht, Vorsicht und Umsichtigkeit – nicht gemeint ist Erziehung zur Ängstlichkeit (das Gegenteil: Draufgängertum und Waghalsigkeit)
- Bescheidenheit in der Leistungssteigerung (das Gegenteil: Immer mehr, immer weiter –durchaus in Konkurrenz zu und auf Kosten von anderen)
- Innovationsfreudigkeit – d. h. u. a.: Anderes und Neues sind, wenn sinnvoll, erwünscht (das Gegenteil: aus Bequemlichkeit o. ä. immer alles beim alten lassen)
- Partizipation und Mitgestaltung (das Gegenteil: Autoritäre Anweisung “von oben" erwarten und brauchen)
- Individuelles Durchhalten, Zivilcourage (das Gegenteil: nur nicht gegen den Strom schwimmen und etwa anecken, selbst wenn man vom Richtigen überzeugt ist)

Die entscheidende Frage in der Lebensbezogenen Position ist nun, wenn solche Ziele und Werte gefunden und akzeptiert sind, ob mit den – für Kinder oder gemeinsam mit ihnen – in den Blick genommenen Themenprojekten diese Werte und Ziele sich einstellen werden. Falls man dieses – wiederum mit Hilfe des Prinzips der Einleuchtung – unvoreingenommen und evtl. in intersubjektiver Übereinstimmung bejahen kann und falls die Entscheidungshilfen (vgl. Huppertz "Erleben und Bilden im Kindergarten", 4. Aufl., 1995, S. 97f) Sinn ergeben und tragen, sollte die Auswahl des betreffenden Themas oder Inhalts erfolgen, und zwar stellvertretend für das Kind – in pädagogischer Anwaltschaft.

7. Leitsätze der Lebensbezogenen Arbeit

Die hier vorgestellte Vorschulpädagogik will sich als praxisfähig verstanden wissen. Deshalb wird großer Wert darauf gelegt, daß sie "geht", und zwar im Sinne einer stimmigen Theorie. (Nicht nach dem Motto: "Theorie ist, wenn es stimmt, aber nicht geht. Praxis ist, wenn es geht, aber nicht stimmt.") Insofern erscheinen die folgenden Leitsätze für die Verwirklichung der Lebens-Pädagogik wichtig.

Teils übereinstimmend, teils aber auch in deutlichem Gegensatz zu anderen Ansätzen, richtet sich die Erzieherin im Lebensbezogenen Ansatz nach den folgenden Leitsätzen (die keine Rangfolge bilden):

1. Aspekt: *Ganzheitlichkeit des Kindes*

- Leitsatz: Leben und Lernen im Kindergarten, besonders die Aktivitätsangebote, u. a. Beschäftigungen, der Erzieher, beziehen sich in gleicher Weise auf alle anthropologischen Dimensionen der Kinder: Wissen, Empfinden, Tun usw. ("Kopf, Herz und Hand").

2. Aspekt: *Zukunft und Gegenwart des Kindes*

- Leitsatz: Leben und Lernen im Kindergarten orientieren sich daran, was Kinder für ihr zukünftiges Leben benötigen, an ihren grundliegenden Bedürfnissen und an ihren gegenwärtigen Interessen und Befindlichkeiten, die sich aus aktuellen Ereignissen ergeben können.

3. Aspekt: *Offene Planung der Arbeit*

- Leitsatz: Eine offene Planung der Arbeit – evtl. unter Beteiligung von Eltern und anderen, z. B. Exkursionsstellen – gewährleistet die Kontinuität des Lebens- und Lernprozesses.

4. Aspekt: *Vorbereitete Umgebung und deren Gestaltbarkeit*

- Leitsatz: Die Erzieherinnen sorgen für die vorbereitete Umgebung und geben Anregungen. Auch Kinder gestalten die Umgebung.

5.Aspekt: *Vor- und Nachbereitung*

- Leitsatz: Lebensbezogene Kindergartenarbeit wird geplant, vorbereitet und nachbereitet.

6. Aspekt: *Erziehungsstil und Ziele*

- Leitsatz: Zum lebensbezogenen Arbeiten gehört als unabdingbare Voraussetzung der partnerschaftliche Erziehungsstil sowie die Orientierung an lebensbezogenen Erziehungs- und Bildungszielen.

7.Aspekt: *Kooperation und Vernetzung*

● Leitsatz: Lebensbezogene Kindergartenarbeit ereignet sich kooperativ und vernetzt, z. B. mit Umgebung und Gemeinde.

8. Aspekt: *Didaktische Materialien und Spiele*

● Leitsatz: Didaktisches Material und Spiele werden herangezogen und verwendet, insofern sie lebensbezogenes Arbeiten ergänzen.

9. Aspekt: *Die Lebensbedingungen des Kindes und seine Befindlichkeit*

● Leitsatz: Die Erzieher kennen die Lebensbedingungen des Kindes sowie seine aktuelle Situation und berücksichtigen diese stets in ihrer Arbeit.

10. Aspekt: *Individualisierung und kompensatorische Bildung*

● Leitsatz: Für das benachteiligte Kind ist in besonderem Maße individualisierend vorzugehen und kompensatorische Bildung zu verwirklichen.

Diese Leitsätze verstehen sich sinnvoll nur in Verbindung miteinander: Sie gehen ineinander über und ergänzen sich.

Erst einmal in Ruhe sehen, was uns so der Tag und das Leben bringt. Bisher jedenfalls auch liebevolles Miteinander und weltbürgerliches Verstehen.

8. Das Außengelände in der Lebensbezogenen Pädagogik und die Gestaltung der Innenräume

"Draußen vor drinnen" heißt einer unserer Grundsätze, d. h. wenn wir, unter sonst gleichen Bedingungen, die Wahl haben, ob Kinder draußen oder drinnen sind, ziehen wir draußen vor. Das Außengelände oder die Freiflächen, wie man manchmal auch zu sagen pflegt, spielen eine besondere Rolle, und wir sollten unser besonderes Augenmerk darauf richten.

Eigentlich ist es einfach: ein Lebensbezogen gestaltetes Außengelände ist das Gegenteil von einem sterilen Spielplatz, auf dem so ziemlich alles unbeweglich ist und kaum etwas lebt. Am besten ist es, wenn wir hier auf die allgemeine Befindlichkeit und Bedürfnislage der Kinder schauen, um sie auch im Hinblick auf das Außengelände zu ihren Rechten kommen zu lassen. Auch Kinder im Kindergartenalter wollen, sollen und müssen hämmern – sägen – bauen – experimentieren – manschen – kokeln – klettern – rennen – balgen – sich verstecken – rutschen – graben. Demgemäß und entsprechend den Erziehungs- und Bildungszielen, also der Anthropologie des Lebensbezogenen Ansatzes, dürften auf unserem Außengelände nicht fehlen, wenn es "animativ" wirken soll:

- Wasser: ein Teich, oder gar fließendes Wasser o. ä.
- ein großer Sand- oder Erdhügel
- eine Feuerstelle
- ein großes Beet; evtl. kleine Beete für einzelne Kinder oder Gruppen

- ein Weidengang und ein Weidenhaus
- Bäume, Büsche und Hecken; evtl. ein Wäldchen
- eine größere ebene Fläche
- evtl. eine größere Fläche mit wildwachsendem Gras und wildwachsenden Blumen zum Pflücken o. ä.
- eine Stelle zum Erzählen oder Theaterspielen
- je nach Lage der Einrichtung: ein sog. Sinnenpfad usw.

Sind diese Voraussetzungen gegeben, dann können wir von einem animativen Außengelände sprechen. (animus und anima, (lat.), bedeuten u. a. auch Leben, und animare hat u. a. die Bedeutung von “beleben”)

In entsprechender Weise wie das Außengelände müssen von den Gesichtspunkten, Grundsätzen und Werten der Lebensbezogenen Theorie aus alle Innenräume beleuchtet werden. Schnell wird man evtl. feststellen, daß manche Räume nicht oder unzulänglich genutzt sind, allerdings wird vielerorts auch die Übersättigung und Überfüllung, z. B. im Hinblick auf Spielsachen o. ä., nicht zu übersehen sein. "Weniger ist mehr" kann durchaus ein Lebensbezogener Grundsatz sein. Ein "Leben in Fülle" kann sich nicht in erster Linie quantitativ verstehen und gestalten. So sollte z. B. im kleinsten und eingeschränktesten Kindergarten ein Raum oder eine Ecke der Stille sein, z. B. für meditative o. ä. Aktivitäten mit den Kindern.

9. Zu einigen Problemen anderer Ansätze und deren Vermeidung

Der Lebensbezogene Ansatz zeichnet sich durch eine Reihe von wichtigen Merkmalen aus, wie sie für eine ausreichende Fundierung einer Position, die beansprucht, ein eigenständiges Paradigma darstellen zu wollen, unverzichtbar sind, wie in den vorangehenden Darlegungen hoffentlich aufgewiesen werden konnte, z. B. im Hinblick auf Ziele, Inhalte, das Bild vom Kind etc. Darüberhinaus ist es aber nötig, die in anderen Positionen aufgedeckten Probleme oder Fehler, die man ausgesprochen oder unausgesprochen kritisiert, selber zu vermeiden. Insofern soll an dieser Stelle wenigstens kurz auf derlei Defizite in anderen Ansätzen eingegangen werden. Dies geschieht nicht in der Absicht, anderen Personen zu nahe zu treten oder anderer Werk herabsetzen zu wollen, sondern einzig und allein um der sachlichen Klärung willen.

"Der Situationsansatz" (mag es eigentlich auch einer Differenzierung bedürfen – vgl. u. a. den Beitrag von Tolksdorf in diesem Band) begeht u. a. den Fehler, daß in viel zu geringem Maße über die heute erforderlichen Ziele und Werte und die damit verbundenen Inhalte reflektiert wird. (Zu zahlreichen anderen Kritikpunkten, die aus der Sicht der Lebensbezogenen Pädagogik zu diskutieren und bisher nicht zu lösen sind, vgl. N. Huppertz, Erleben und Bilden im Kindergarten, Freiburg i. Br. 1996, 4. Aufl., S. 11ff.)

Insofern bleibt es dabei, daß es sich beim Situationsansatz lediglich um ein Prinzip, nicht aber um eine brauchbare Pädagogik handelt. Würde diese Position eine brauchbare Pädagogik (mit Werten, Zielen, Inhalten, Methoden, die man im vorhinein beschreiben könnte) sein, dann wäre es eben kein Situationsansatz mehr. Deshalb sind Situationsansatz und erziehungswissenschaftlich fundierte Pädagogik ein Widerspruch in sich; d. h.: das verträgt sich nicht und kann sich deshalb auch nicht ändern. (Wer die Projekte aus situativ sich einstellenden Lagen ableiten möchte, wie es die Situationstheorie vorschreibt, kann sie nicht zugleich im vorhinein – entscheidend – festlegen. Das hieße, eine Sache zu bejahen und sie im selben Augenblick zugleich zu verneinen. Das macht keinen Sinn und ist deshalb Unsinn.)

Die DDR-Pädagogik hat des Guten zu viel versucht in Richtung Plan und Planung. Dabei mußte das Kind und auch der Erzieher auf der Strecke bleiben; denn bei beiden handelt es sich um Personen, also individuelle Wesen, deren Eigenständigkeit und Freiheit, wenn auch nicht total, so doch in jeweils hinreichendem Maße, zu beachten sind. Dies hat man versäumt, und diesen Fehler schließt eine Lebensbezogene Pädagogik aus; denn hier wird u. a. bei beiden (Erzieher und Kind) von deren Person-Sein ausgegangen. Doch ist anzumerken, daß auch diese – nach unserem Standpunkt insofern fehlerhafte – Sicht in der Sache einer staatlich verordneten sozialistischen Pädagogik selbst lag. Hätte man sich anders positioniert, dann wäre es nicht mehr die DDR-Pädagogik mit diesem ihrem Anspruch gewesen. In der DDR-Pädagogik hat man aber nicht nur das Kind und den Erzieher in ihrer Individualität vergessen, sondern auch "das Situative". Wo typische Situationstheoretiker und Praktiker des Guten zuviel tun, tut der DDR-Pädagoge zu wenig – und viceversa.

Auch die – heute so viele faszinierende – Reggio-Pädagogik weist vermeidbare Fehler auf, wie es scheint (wenngleich wir für eine wissenschaftlich fundierte Kritik in jedem der hier erwähnten Fälle auf empirische Überprüfungen angewiesen wären – aber: Weder die DDR-Pädagogik noch der Situations-Ansatz noch die Reggio-Pädagogik haben sich solchen Evaluationen je gestellt.) So scheint es mir doch sehr bedenklich zu sein, inhaltlich so bedeutsame Elemente der Bildung, wie z. B. die künstlerisch-ästhetischen Dinge, der Erzieherin so schlechthin aus der Hand zu nehmen und "den Experten" zu übergeben. Statt zur Anhebung des Erziehungsberufs und einer weiter voranschreitenden Professionalisierung, wie sie uns dringend erforderlich erscheinen, redet man damit doch eher einer Bewertung als Bewahr- und Versorgungstante das Wort. Ganz abgesehen von den organisatiorischen Schwierigkeiten und anderen sachlichen Problemen, die mit der Reggio-Pädagogik verbunden sein dürften, z. B. der fehlenden Möglichkeit einer Bildung durch ökologische und globale Projekte, über deren Notwendigkeit und Verwirklichung die Erzieherin selbst – inhaltlich und organisatorisch – verantwortungsvoll und autonom entscheiden können muß.

Weil wir all die hier angeführten Punkte, wie sie sich in den vorgestellten Ansätzen zeigen, für problematisch und defizitär halten, bekennen wir uns zu der von uns in Freiburg entwickelten Lebensbezogenen Position in der Vorschul-Pädagogik.

Wenn ich gefragt würde, auf welche Formel man diesen hier beschriebenen Lebensbezogenen Kindergarten bringen könnte, so würde ich antworten: Es handelt sich um eine verantwortete Lebensgemeinschaft von Erziehern, Eltern und Kindern mit dem Ziel des gelingenden Lebens - dies insbesondere für jedes einzelne Kind.

Literatur

Adorno, T. W.: Studien zum autoritäten Charakter, Frankfurt 1984

Huppertz, N.: Erleben und Bilden im Kindergarten. Der lebensbezogene Ansatz als Modell für die Planung der Arbeit, Freiburg, 5. Aufl., 1995

Huppertz, N.; Schinzler, E.: Grundfragen der Pädagogik, 10. Aufl. Köln 1995, S 116ff.: Die Didaktik des Kindergartens

Huppertz, N.: Situationsansatz – Zauberformel oder mehr? In: Kindergarten heute 1, 1995, S. 50f.

Huppertz, N.: Haben Sie schon Ihren Kindergarten auf den Kopf gestellt? Zum Chaos der sogenannten "Offenen Arbeit" – eine vorbeugende Polemik. In Kindergarten heute 1, 1992, S. 52ff

Huppertz, N.: Brauchen wir einen neuen Kindergarten? – Ja, aber einen lebensbezogenen. In: Kindergarten heute 3, 1992, S. 26ff

Huppertz, N.: Fortbildung im Deutschen Kindergarten. In: Il Quadrante Scolatico, giugno 1994, S. 197-215

Huppertz, N.: Schwarz auf Weiß. Praktische Hilfen zur Erstellung einer Konzeptionsschrift. In: Kindergarten heute, Zeitschrift für Erziehung im Vorschulalter 9, 1995, S. 28-36

Huppertz, N.: Ethisch unerlaubt – rechtlich nicht haltbar – Kritik am Situationsansatz und am offenen Kindergarten. In: Konradsblatt Nr. 36, 1996, S. 17f.

Huppertz, N.: Antwort auf Kritik – Stellungnahme zu Leserbriefen für den Situationsansatz im Kindergarten. In: Konradsblatt Nr. 48, 1996, S. 10

Huppertz, N.: Wir erstellen eine Konzeption. Anleitungen und Beispiele aus der Kindergartenpraxis, Don Bosco Verlag, München 1996

Huppertz, N.: Zu den Sachen selbst. Phänomenologie in Pädagogik und Sozialpädagogik, PAIS-Verlag, Oberried 1997

Huppertz, N.: Zu Ende denken – Zur Problematik vorschulpädagogischer Ansätze – hier: Der Situationsansatz ist ein großer Fehler. In: Christ und Bildung. Zeitschrift der Katholischen Erziehergemeinschaft Deutschlands 3, 1997, S. 4

Huppertz, N.: Der Lebensbezogene Ansatz – Eine Pädagogik für den Kindergarten in heutiger Zeit. In: Christ und Bildung. Zeitschrift der Katholischen Erziehergemeinschaft Deutschlands 5, 1997, S. 1-5

Angaben zu den Autoren

Norbert Huppertz, geb. 1938, Promotion 1968 an der Universität Freiburg bei Hans Reiner (Husserl Schüler), seit 1972 Leiter des Arbeitsbereiches Sozialpädagogik an der Pädagogischen Hochschule Freiburg. Arbeitsschwerpunkte: Theorie und Forschung in Sozialarbeit und Sozialpädagogik u.a. Vorschul-Pädagogik; Autor von mehr als 10 Fachbüchern (200.000 Exemplare), u.a.: Grundfragen der Pädagogik (10. Aufl.), Elternarbeit vom Kindergarten aus (20. Aufl.), Jugend und Jugendarbeit heute (PAIS-Verlag), Erleben und Bilden im Kindergarten (6. Aufl.), Wir erstellen eine Konzeption (3. Aufl., Don Bosco-Verlag), HORTPÄDAGOGIK (PAIS-Verlag), zahlreiche Zeitschriftenartikel.

Franz Rudolph, geb. 1928, Promotion 1970 bei Kurt Zehner (Gottschaldt- und Winnefeld-Schüler), q.o. Prof. 1983; o. Prof. an der Pädagogischen Hochschule Halle/S,; 1954-1986 Direktor der Pädagogischen Fachschule für Kindergärtnerinnen Halle/S; 1986-1991 Direktor des Institutes für Aus- und Weiterbildung von Fachschullehrern Pädagogischer Fachschulen an der Pädagogischen Hochschule Halle/S.; Arbeitsschwerpunkte: Praxis-Theorie und Forschung in der Vorschulpädagogik und Psychologie des Kleinkindes. Veröffentlichung vorschulpädagogischer Beiträge u.a.: zu Grundfragen der Vorschulpädagogik, Persönlichkeitsentwicklung des Vorschulkindes, Sensoverbomotorik im frühen Kindesalter, Spielpädagogik, Beurteilung von Vorschulkindern und Schülern, Übergang Kindergarten - Schule. Veröffentlichung fachwissenschaftlicher Beiträge in Fachbüchern ab 1990 zu: Spielpädagogik, Kindheit in Ost und West, Aus- und Weiterbildung der Kindergärtnerinnen in der DDR.

Barbara Stinner, geb. 1956, Ausbildung zur Erzieherin, Studium der Sozialpädagogik: Dipl.-Soz.-Päd. (FH), Studium der Pädagogik mit Psychologie, Musikpädagogik / (Magister), Ausbildung im sozialtherapeutischen Rollenspiel, Montessoridiplom; seit 1985 unterrichtende Tätigkeit an der Fachakademie für Sozialpädagogik, seit 1995 Leiterin der Fachakademie; mehrjährige Erfahrungen in Italien; als Übersetzerin tätig bei Führungen und Vorträgen im Bereich der Vorschulpädagogik in Reggio Emilia (Reggio-Pädagogik) und in Brescia (Pädagogik der Geschwister Agazzi).

Uwe Tolksdorf, geb. 1955, Dipl.-Päd., Diplomstudium in Erziehungswissenschaft (Schwerpunkt Sozialpädagogik) an der Pädagogischen Hochschule Freiburg; Lehrer an einer Fachschule für Sozialpädagogik, Lehrbeauftragter an der Pädagogischen Hochschule Freiburg, Referent in der Erzieherinnenfortbildung.

Zum Verlag

Der PAIS-Verlag gehört der „Sozietät zur Förderung der wissenschaftlichen Sozialpädagogik e.V." (gemeinnützig), gegründet 1996. Die Sozietät ist eine Vereinigung Freiburger Wissenschaftler und Praktiker, die sich die Verbreitung praxisrelevanter Veröffentlichungen aus der Theorie der Sozialen Arbeit zum Ziel gesetzt hat. Erste Vorsitzende ist Dipl.-Päd. Monika Huppertz.

Folgende Veröffentlichungen sind im PAIS-Verlag bisher erschienen:

Reihe >present< Freiburger Schriften zur Sozialpädagogik

Band I
Huppertz, N., Jugend und Jugendarbeit heute. Partial-holistische Studie der Stadt Neuenburg, Oberried 1996, ISBN 3-931992-00-4

Band III
Demmelhuber, H., Sozialarbeit und Seelsorge in der Schule – Neue Wege der Kirche, Oberried 1996, ISBN 3-931992-02-0

Band V
Huppertz, N. / Meier-Musahl, R., HORTPÄDAGOGIK. Eine Einführung in Theorie und Praxis, Oberried 1999, ISBN 3-931992-07-1

Band VI
Mägdefrau, J., Diplom in Erziehungswissenschaft – was kommt danach? Eine Absolventenstudie an der Pädagogischen Hochschule Freiburg, Oberried 2000, ISBN 3-931992-10-1

Band VII

Kolodziej, V., Arbeitsrecht für Soziale Fachkräfte, Oberried 2002 ISBN 3-931992-14-4

Reihe >evident< Freiburger Schriften zur wissenschaftlichen Grundlegung Sozialer Arbeit

Band I

Huppertz, N. (Hg.), Zu den Sachen selbst. Phänomenologie in Pädagogik und Sozialpädagogik, Oberried 1997, ISBN 3-931992-03-9

Band II

Reiner, Hans; Von den Werten, Oberried 2001; ISBN 3-931 992-13-6

Reihe >element< Freiburger Schriften zur Elementarpädagogik

Band I

Huppertz, N. (Hg.), Konzepte des Kindergartens, Oberried 1998, ISBN 3-931992-05-5

Band II

Huppertz, N. (Hg.), Kindergärten für Kinder, Oberried 1999, ISBN 3-931992-08-X

Band III

Huppertz, N. (Hg.), Französisch so früh? – Bilinguale Bildung im Kindergarten, Oberried 1999, ISBN 3-931992-09-8

Band IV

Kolodziej, V., Meine Rechte als Erzieherin, Oberried 2000 ISBN 3-931992-11-X

Band V

Scheuring, W.-D., Qualität und Evaluation im Kindergarten – Beispiel Waldkindergarten, Oberried 2000 ISBN 3-931992-12-8

Band VI

Huppertz, N. (Hg.), Fremdsprachen im Kindergarten Didaktik – Methodik – Praxis, Oberried 2003 ISBN 3-931992-17-9

Band VII

Huppertz, N., Handbuch Waldkindergarten. Konzeption – Methodik – Erfahrungen, Oberried 2004 ISBN 3-931992- 18-7

Einzelwerke

Lechner, J.-J. / Mägdefrau, J. (Hg.), Partial-Holismus in der Sozialen Arbeit. Erfahrungen mit einer Forschungsposition, Oberried 1998 ISBN 3-931992-06-3

Reiner, H., PHILOSOPHIEREN Eine Einleitung in die Philosophie, Oberried 2002 ISBN 3-931992-15-2

Reiner, H., Woher unsere Werte kommen, Oberried 2003 ISBN 3-931992-16-0

PAIS-Verlag e.V.
Hauptstr. 49
79254 Oberried
Tel.: 07661/ 980 962
Fax.: 07661/ 981 420
Email: bestellung@pais-verlag.de
www.pais-verlag.de